智慧商业
创新型人才培养系列教材

汪圣佑 徐诗瑶 ◎ 主编 谷

商务数据可视化

Power BI 版

人民邮电出版社

北　京

图书在版编目（ＣＩＰ）数据

商务数据可视化：Power BI版 / 汪圣佑，徐诗瑶主编. -- 北京：人民邮电出版社，2021.8
智慧商业创新型人才培养系列教材
ISBN 978-7-115-56137-4

Ⅰ. ①商… Ⅱ. ①汪… ②徐… Ⅲ. ①可视化软件—应用—商业信息—数据处理—教材 Ⅳ. ①F713.51-39

中国版本图书馆CIP数据核字(2021)第045472号

内 容 提 要

本书以典型工作任务为载体，以构建"项目设计、任务驱动、实践操作、能力拓展"的一体化教学模式为目标，沿着"典型工作任务—技术知识储备—商务实战演练"的设计思路，在解决实际问题的过程中，系统地讲述 Power BI 的相关基本知识。本书共七个项目，以数据可视化流程为主线，涵盖了 Power BI Desktop 的数据连接、查询编辑器、内置可视化对象、自定义视觉对象、可视化报表以及仪表板、自然语言问答等功能。

本书适用于初级 Power BI 用户，可用作应用型本科、高等职业院校商务数据分析与应用、电子商务及相关专业的教材，也可作为 Power BI 软件的自学参考书。

◆ 主　编　汪圣佑　徐诗瑶
　　副主编　谷小城　陶　婧　贺人梅
　　责任编辑　刘　尉
　　责任印制　王　郁　焦志炜

◆ 人民邮电出版社出版发行　　北京市丰台区成寿寺路 11 号
　　邮编　100164　电子邮件　315@ptpress.com.cn
　　网址　https://www.ptpress.com.cn
　　北京九天鸿程印刷有限责任公司印刷

◆ 开本：787×1092　1/16
　　印张：13.25　　　　　　　　　　2021 年 8 月第 1 版
　　字数：323 千字　　　　　　　　2024 年 12 月北京第 6 次印刷

定价：69.80 元

读者服务热线：(010)81055256　印装质量热线：(010)81055316
反盗版热线：(010)81055315
广告经营许可证：京东市监广登字 20170147 号

前言
FOREWORD

随着大数据等技术在电子商务领域的应用，社会对于商务数据分析人才的需求越来越急迫。高等职业教育以培养服务一线的技能型人才为根本任务，因此，本书在设计中更加侧重于真实的工作任务，在解决实际问题中完成对商务数据可视化工具Power BI使用功能的介绍，让学生"学有所用"。

本书以数据可视化的制作与分享协作过程为导向，内容涵盖从数据的连接到使用查询编辑器完成数据清洗；从内置可视化对象的基本操作到下载，并使用自定义可视化对象完成更多更新样式的可视化效果制作；从依托Power BI Desktop生成可视化报表到在Power BI网页版中生成仪表板并分享协作。

本书贯彻落实党的二十大精神，注重学生实践能力的培养。本书采用项目任务教学的方式组织内容，每个任务的开篇给出对应的"典型工作任务"，在"技术知识储备"中对任务进行拆分，阐述完成工作任务的对应技术知识；实操性强的任务利用"商务实战演练"模拟工作情境，使用Power BI完成真实的数据可视化工作任务。知识内容环环相扣，层层递进，让学生始终围绕工作任务开展数据可视化的学习，既掌握了软件操作的基本步骤，也学习了一系列商务数据可视化的解决思路。

通过商务数据可视化认知以及后续五个项目的知识储备与实战演练，学生能够掌握可视化分析的相关知识、可视化分析的思路与流程，能运用可视化工具进行数据整合及图表的制作、调整与优化，形成可视化的数据报告。本书最后一个项目以综合实战案例对知识点进行系统化的讲解，帮助学生更好地理解商务数据可视化的工作要点，掌握商务数据可视化的操作流程。

本书的参考学时为48～64学时，建议采用理论实践一体化教学模式，各项目的学时分配表如下所示。

学时分配表

项目	课程内容	学时
项目一	了解商务数据可视化——认识Power BI	4
项目二	开展商务数据预处理——数据连接与数据清洗	8～12
项目三	构建运营数据分析——制作可视化图表	10～12

项目	课程内容	学时
项目四	创新可视化效果——制作自定义视觉对象	8~10
项目五	生成运营分析报告——设计可视化报表	6~10
项目六	分享客户分析数据——制作仪表板	6~8
项目七	综合实战案例	4~6
	课程考评	2
学时总计		48~64

　　本书由安徽商贸职业技术学院汪圣佑任第一主编，安徽商贸职业技术学院徐诗瑶任第二主编，安徽工商职业学院谷小城、芜湖职业技术学院陶婧、湖北国土资源职业学院贺人梅任副主编。本书具体编写分工如下：项目一、项目四、项目五由徐诗瑶编写，项目二、项目三由陶婧编写，项目六由谷小城编写，项目七由贺人梅编写，汪圣佑负责全书统稿与最后审定。

　　由于编者水平和经验有限，书中难免有疏漏之处，恳请读者批评指正。

编　者

2023年7月

目录
CONTENTS

项目一
了解商务数据可视化
——认识Power BI

● 职业能力目标

　　本项目分为两个部分，分别是商务数据可视化的介绍和商务数据可视化工具Microsoft Power BI（以下简称Power BI）的介绍。通过对商务数据可视化的基本情况进行学习，读者将会了解到商务数据可视化的意义、熟悉Power BI界面，为将来从事数据可视化与分析工作打下基础。

任务一　初识商务数据可视化

典型工作任务

2018年天猫"双11"活动除了一直同步跳动最后定格在2135亿元的销售数据让人们印象深刻，"全球屏""新零售屏""城市屏"也备受关注（见图1-1-1）。这种通过技术手段实现实时数据可视化的数据投屏技术让媒体、消费者与阿里巴巴公司第一次在数据层面实现了信息对称。从那以后，数据大屏就成为"双11"活动进行媒体信息发布不可或缺的一部分。

图1-1-1

在商业活动中，将数据进行技术处理并以可视化方式呈现出来，可以更有效地传递数据背后的信息，为后续的数据分析打下基础。请你根据自己对商务数据可视化的理解，搜索出1~2个商务数据可视化的案例。

技术知识储备

一、数据可视化在生活中的体现

人们在日常生活中，无时无刻不在面对着大量的数据，诸如反映身体健康的体征数据、反映锻炼强度的步行数据、反映家庭经济情况的收支数据、反映企业发展的销量数据、反映国家发展的宏观经济数据。

随着科技的发展，越来越多的人开始对生活中产生的数据进行关注，每日步行数据的关注度是非常高的。图1-1-2所示为"小米运动"中的运动数据。（a）图为当日运动的详细数据，具体到每一次步行所用的时间、每一次步行的步数以及消耗的卡路里，但多条数据放在一起，数据使用者很难迅速从中找到潜在的运动规律。（b）图中部是由数据转换的图表形式，步行数据的波动情况一目了然，如手环使用者的步行时间区间为12:00至18:00，步行过程中产生

（a）　　　　　　　（b）

图1-1-2

过三次峰值等。这种将数据进行处理后以图表呈现出来的过程便是数据可视化。

二、数据可视化的意义

（一）数据可视化方便数据的阅读

随着大数据时代的来临，海量的数据扑面而来，数据使用者可以更便捷地获取数据，为进一步分析打下基础。但是采集后的数据处理与分析却在一定程度上困扰着数据使用者，而数据可视化将复杂的数据进行整理后呈现出来，为数据使用者读取与阅读数据提供了帮助。

以国家的宏观经济数据为例，在国家数据网的导航中有一栏是可视化产品（见图1-1-3），打开此栏目便可以看到有关于人口、城镇就业、价格等的各类可视化产品。

图1-1-3

以城镇就业为例，如果仅以文本加数字的形式进行呈现，可能会因为数字繁多而让人眼花缭乱，相比之下，图表的形式（见图1-1-4）显示出的年末城镇登记失业率和近五年全国农民工外出情况更直观。单击"城镇新增就业人员"选项卡之后，便可以得到左侧区域的图表，图表中曲线的走势可以让阅读者以最快的时间了解近五年城镇新增就业人数的变化情况，不仅清晰直观，而且令人印象深刻。

图1-1-4

（二）数据可视化方便数据的分析

数据可视化并不是简单地将数据转换为图表，它不仅能够更直观地呈现数据，还可以通过简单的逻辑和视觉效果使数据的规律呈现出来，方便数据的分析。仍以城镇新增就业人数为例，观察图1-1-4中的变化规律，便可以得出2015年和2016年城镇新增就业人数相较于2014年出现了一定的下降，2017年和2018年再次上升，虽然同样是增长，但是对比2016—2017年和2017—2018年的曲线斜率，便可以得出2017年增加的速度更快一些。如果是面对数据形式想要得出这一结论，则需要对两组数据进行增长率详细比较后才能实现。

三、什么是商务数据可视化

综上所述，数据可视化是指借助不同的可视化工具，将繁杂的数据转换成易于识别和分析的图表，帮助数据使用者快速完成海量数据的整理与归纳工作，实现更进一步的数据分析。

在商务活动中，企业将面对纷繁复杂的商业数据，自家产品的成本与销量、往来客户的新增与流失、销售团队的业绩、竞争对手的调价等都是企业需要关注的数据。例如，通过数据抓取获得了当日芜湖市部分二手房信息，如果直接观察获取到的数据（见图1-1-5）是很难从众多数据中发现规律的，但是通过数据可视化处理后，芜湖市部分二手房信息的效果如图1-1-6所示。

小区名称	区域	总价	年代	类型	房型	面积	朝向	楼层	装修程度	房屋单价	参考首付	参考月供
光遇大观花园	鸠江	146万	2014年	普通住宅	3室2厅1卫	117平方米	南北	高层(共15层)	毛坯	12479 元/m²	43.80万	8599元
东紫园	鸠江	126万	2014年	普通住宅	3室2厅1卫	130平方米	南北	中层(共17层)	毛坯	9692 元/m²	37.80万	7421元
地大橡树园	弋江	165万	2014年	普通住宅	3室2厅1卫	112平方米	南北	高层(共7层)	毛坯	14732 元/m²	49.50万	9718元
城市之光	鸠江	133万	2012年	普通住宅	2室2厅1卫	94.5平方米	南	高层(共16层)	精装修	14073 元/m²	39.90万	7833元
伯庄观邸	鸠江	144.8万	2013年	普通住宅	3室2厅1卫	113平方米	南北	高层(共20层)	毛坯	12814 元/m²	43.44万	8528元
天睿苑	镜湖	130万	2015年	普通住宅	3室2厅1卫	113.2平方米	南北	高层(共17层)	精装修	11486 元/m²	39.00万	7656元
三潭音悦	鸠江	120万	2015年	普通住宅	3室2厅1卫	95平方米	南北	中层(共17层)	毛坯	12632 元/m²	36.00万	7067元
翰林公馆	弋江	154万	2016年	普通住宅	3室2厅1卫	120.6平方米	南	低层(共34层)	毛坯	12769 元/m²	46.20万	9707元
东紫园	鸠江	102万	2013年	普通住宅	3室2厅1卫	98平方米	南北	中层(共17层)	毛坯	10408 元/m²	30.60万	6007元
聚龙湾	鸠江	127万	2014年	普通住宅	3室2厅1卫	112平方米	南北	中层(共17层)	毛坯	11339 元/m²	38.10万	7480元
三潭音悦	鸠江	120万	2017年	普通住宅	3室2厅1卫	96平方米	南	高层(共16层)	毛坯	12500 元/m²	36.00万	7067元
城市之光	鸠江	135万	2015年	普通住宅	3室1厅1卫	109平方米	南北	中层(共17层)	毛坯	12385 元/m²	40.50万	7951元

图1-1-5

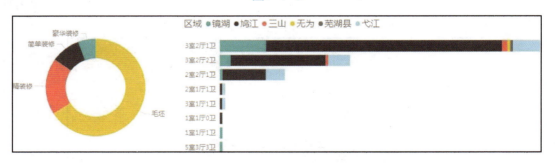

图1-1-6

图1-1-6中左侧的饼状图显示：在抓取到的样本中，毛坯房最多，精装修房次之，豪华装修房最少。右侧的条形图则呈现了样本中不同区域不同房型的分布情况：3室2厅1卫、3室2厅2卫、2室2厅1卫这三种房型占大多数，相比之下其他房型较少。特别是鸠江区的3室2厅1卫，该类二手房是样本中占比最高的。此处虽然没有直接给出不同区域二手房的数量分布，但仔细观察右侧的条形图便可以得知，鸠江区二手房最多，镜湖区和弋江区相对次之。对比镜湖区和弋江区不同房型占比也能够分析得出：镜湖区的3室2厅1卫房型比弋江区多，而弋江区的3室2

厅2卫房型却比镜湖区要多一些。这些隐藏在数据背后的规律很难直接表现出来，但是将数据转化为易于阅读的可视化图表后，数据使用者便可以在最短的时间内获取决策中可能需要的相关信息，从而更精准、更有效地做出决策，以便能够进一步发挥出商务数据的最大价值。

四、商务数据可视化的常用工具

（一）常用的数据可视化工具

在日常工作和生活中，人们最早接触、最为熟悉的可视化工具便是Excel，借助Excel生成折线图、散点图等图表完成数据的图表化，可增强数据的可读性并实现相关的数据分析。在商务数据可视化工具中，Tableau、QlikView、Plotly、Power BI等最为常用。

Tableau：全球知名度很高的数据可视化工具。用户可以轻松地将数据转化成想要的形式。Tableau具有非常强大、安全、灵活的分析平台，支持多人协作。用户还可以通过Tableau软件、网页，甚至移动设备来随时浏览已生成的图表，或将这些图表嵌入报告、网页或软件中，或嵌入Salesforce、SharePoint和Jive等应用程序中，实现实时交互。另外，Tableau还支持数据挖掘。

QlikView：一个完整的商业分析软件，主要用户是企业用户，用户可以轻松地分析内部数据，并且使用QlikView的分析和企业报告功能进行决策。当输入要搜索的关键字时，QlikView可以自动整合数据，帮助用户找到数据间的关系。

Plotly：知名的、功能强大的数据可视化框架。Plotly可以根据输入定制的二维和三维图表，构建交互式图形，创建丰富多样的图表和地图。

Power BI：微软开发的商业分析工具，可以很好地集成微软的Office办公软件。其操作界面相对比较熟悉，新用户很容易上手和使用。用户可以自由导入文件、文件夹和数据库等多种数据，自定义创建报告；同时，Power BI还可以实现自然语言问答，并支持使用Power BI软件、网页、手机应用来查看数据。

（二）为什么要选择Power BI作为本书的数据可视化工具

本书作为高职高专商务数据分析与应用专业的教材，面向对象是商务数据分析与应用专业的学生，因此在选择具体软件时，需要站在学生的角度考虑其接受度以及软件在未来工作中的实际运用情况。

1．操作界面熟悉

本书的商务数据可视化工作以Power BI为分析工具，首先是因为Power BI是微软开发的工具，对于经常使用Word、Excel、PPT等Office软件的学生而言，操作界面熟悉且比较容易上手；而且Power BI可以直接将Excel查询、数据模型和报表连接到Power BI仪表板上，这有助于以新的方式快速收集、分析、发布和共享Excel业务数据。

2．软件免费获取

Power BI Desktop是免费获取的，即使学生将来使用Pro版（专业版），每个月需要支付的费用也相对较低。专业版更加易于学生下载并使用，方便学生在课后进行练习。

3．不断更新迭代

Power BI软件自身和自定义可视化图表都还在不断地进行更新，其官网会对产品更新的功能进行讲解，学生在掌握了基础的操作后，还可以拥有很大的提升空间，如果即将从事数据分析工作，在未来的工作岗位中使用该软件进行数据分析将会对自己有一定的帮助。

4．拥有智能问答与快速见解功能

在借助Power BI对大量数据进行数据可视化时，刚接触数据分析的学生可能对于规律的挖掘有一定困难，这时借助Power BI的智能问答和快速见解功能，利用Microsoft AI的最新进展，可构建机器学习模型，从而达到快速找到见解的目的，会更易于对数据进行挖掘与分析。

任务二　认识Power BI软件

 典型工作任务

图1-2-1所示为借助Power BI生成的针对小米手环3用户评价的可视化图表，请通过对软件不同视图的学习，在报表视图下观察该可视化对象，找出用户最关心的小米手环3的五个功能，并在数据视图下找到对"屏幕"进行评价的具体内容。

图1-2-1

 技术知识储备

一、Power BI的软件界面

本书以Power BI 2.73.5586.802版本为例，下载并完成安装后，双击桌面图标即可进入Power BI软件。

Power BI界面由三个区域组成（见图1-2-2），分别是导航栏、报表画布和报表编辑器。

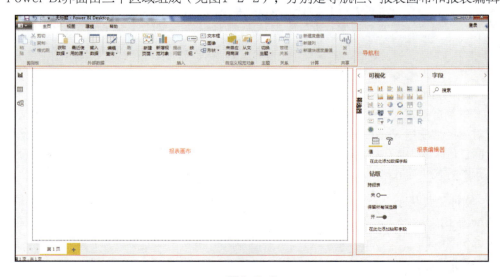

图1-2-2

（一）导航栏

与其他Office软件类似，Power BI的导航栏也位于顶部，包括"文件""主页""视

图""建模""帮助"。单击"文件"按钮 ，将会出现"新建""打开""保存""另存为"等熟悉的操作选项。

"主页"选项卡（见图1-2-3）下包括"剪贴板""外部数据""插入""自定义视觉对象""主题""关系""计算"与"共享"。其中，"外部数据"是进行数据连接和数据编辑的功能区；"插入"可以在报表画布上新建页面和进行视觉对象或文本框等元素的插入；"自定义视觉对象"可以在官网下载新的自定义视觉对象，增加可以生成的图表形式；"主题"则可进行各种配色的选择；"关系"是用来管理各表格中字段的关系的；"计算"可以新建度量值，更多是对数据进行处理。

图1-2-3

"视图"选项卡（见图1-2-4）可以对页面的大小和手机端布局进行调整，同时可以添加网格线等工具辅助报表的制作。

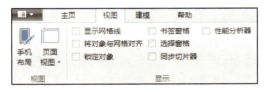

图1-2-4

"建模"选项卡（见图1-2-5）可以管理数据关系、创建计算列、优化数据模型，还可以创建计算度量值和计算表等。

图1-2-5

（二）报表画布

Power BI界面中最大的区域便是报表画布，这也是使用Power BI时最主要的工作区域。借助右侧的报表编辑器生成的视觉对象，将在此区域中进行显示。如打开"当当图书畅销榜.pbix"，在画布区域中便会显示已经生成的堆积条形图（见图1-2-6）。底部的选项卡可以切换不同的页面，类似于Excel中不同的表格页的切换。

（三）报表编辑器

报表编辑器由"字段"窗格、"可视化"窗格、"筛选器"窗格三个窗格组成。

1．"字段"窗格

"字段"窗格是用来显示当前可以使用的数据表和字段的。勾选某个字段，将其添加进可视化对象，便可生成可视化图表。

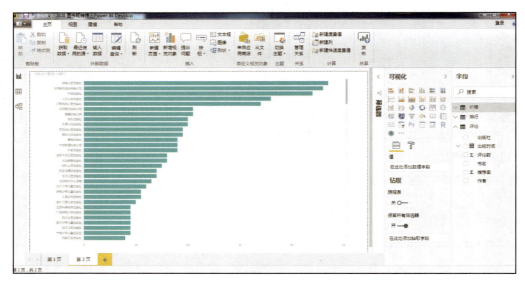

图1-2-6

2．"可视化"窗格

未添加字段的"可视化"窗格如图1-2-7（a）所示，包含两个区域，在上面的区域中，可对可视化对象进行选择；在下面的区域中，可以添加字段，对选中对象的具体参数进行编辑。

打开"当当图书畅销榜.pbix"，在可视化对象中选择"堆积条形图"后，"可视化"窗格将会变成图1-2-7（b）所示的样式，即可针对"轴""图例""值""工具提示"进行修改，将出版社和书名两个字段分别拖进"轴"和"值"中，将会生成对应的可视化对象。当然，选择不同的可视化对象可以分别设置属性，从而生成相应的可视化对象。

单击 按钮将会切换至"格式"编辑界面，如图1-2-7（c）所示，可以对选中的可视化对象进行效果的优化与设计。单击最右侧的"分析"按钮，如图1-2-7（d）所示，可对不同的可视化效果进行对应的分析，如选择"堆积条形图"增加数据后，在此处可以添加恒定线。

（a）　　　　　　（b）　　　　　　（c）　　　　　　（d）

图1-2-7

3. "筛选器"窗格

"筛选器"窗格主要用于查看、设置和修改不同级别的筛选。值得注意的是，版本更新后的"筛选器"窗格位置与之前的版本有所不同，在之前的版本中，"筛选器"窗格位于"可视化"窗格中，如图1-2-8（a）所示；在2.73.5586.802版本中，"筛选器"窗格移到了单独的区域，与报表的其余部分类似，可以锁定甚至隐藏。

筛选器有三种级别，分别是视觉级筛选器、页面级筛选器和报告级筛选器。视觉级筛选器是对本视觉对象进行筛选的，即图1-2-8（b）顶部的"此视觉对象上的筛选器"。页面级筛选器是对当前报表页面的所有对象进行筛选的，即图1-2-8（b）中部的"此页上的筛选器"。报告级筛选器则是针对整个报表进行筛选的，即图1-2-8（b）底部的"所有页面上的筛选器"。

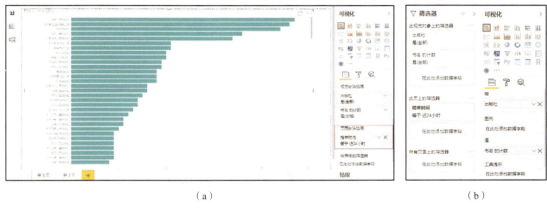

（a）   （b）

图1-2-8

二、Power BI的三种视图

Power BI有三个视图界面，分别是报表视图、数据视图和关系视图，切换的按钮在界面最左侧，如图1-2-9所示，单击即可完成切换，同时以黄色竖线标注当前视图，当前页面停留在报表视图界面。

（一）报表视图

在报表视图中，使用者可以借助"可视化"窗格中的可视化对象，在若干报表页面上创建可视化内容，制作可视化报表。在此视图下，使用者可以对可视化对象及报表页面进行复制、粘贴等处理。

由于画布区域有限，当在一页报表中无法放置所有需要的可视化对象时，便需要在报表视图底部单击 ⊞ 按钮新建页面。当然也可以对当前页面进行复制、重命名、删除或隐藏（见图1-2-10）等操作。

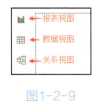

图1-2-9   图1-2-10

（二）数据视图

数据视图是指针对所需要的数据进行处理与检查，单击 ⊞ 按钮便可进入数据视图。

在数据视图下，可以显示选中的表，并可以对其中的所有行和列进行操作。值得注意的是，当有数据列在报表视图中隐藏时，在数据视图下仍可以看见数据，此时该列以灰色显示，在右侧的字段里也会变成灰色。图1-2-11所示的出版时间便是隐藏列，以灰色显示。

图1-2-11

1．导航栏

在数据视图中，可以利用顶部的导航栏"主页"选项卡完成数据的连接和数据的输入等，在"建模"选项卡下完成管理关系、新建度量值和新建列等操作。如果想要修改列的数据类型，也可以在"建模"选项卡下完成。

2．公式栏

在导航栏和数据网格之间有一行是公式栏，在此处可以输入度量值，也可以输入计算列的DAX公式。

3．数据网格

数据网格中显示的便是当前选中表格的全部数据，如图1-2-12（a）所示，单击列名旁边的 ▽ 按钮可以完成数据的筛选。用鼠标右键单击该按钮会出现快捷菜单，如图1-2-12（b）所示，可以像Excel一样完成升序、降序、新建列、重命名列等操作，也可以完成复制表、新建度量值、编辑查询等其他操作。

4．字段列表

数据视图右侧为字段列表，在字段列表中用鼠标右键单击字段（见图1-2-13）将可以完成新建层次结构以及新建度量值等操作。通过顶部的搜索框，可以对所有的表格和字段进行搜索。

5．查询编辑器

单击导航栏或者用鼠标右键单击菜单中的"编辑查询"都会启动查询编辑器。图1-2-14所示为查询编辑器界面，查询编辑器的用法在后续项目中会进一步介绍。

（三）关系视图

关系视图是指针对模型中的关系进行管理。当模型中有很多表格且各表格关系复杂时，借助关系模型进行管理十分重要。单击 按钮便可进入关系视图，如图1-2-15所示。

（a）

（b）

图1-2-12

图1-2-13

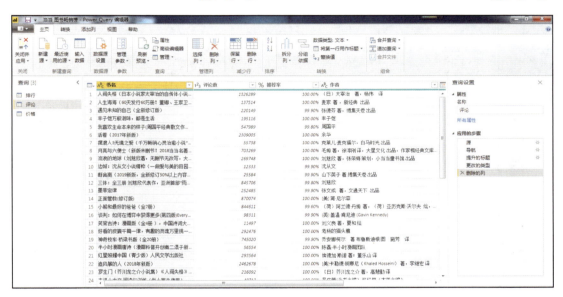

图1-2-14

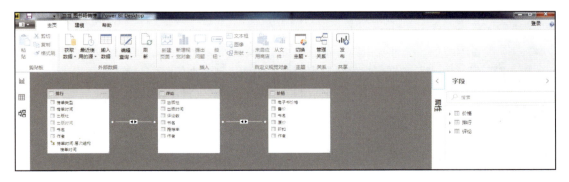

图1-2-15

若两表之间不存在关系，将其中一个表的字段拖至另一个表对应的关系上，便可建立关

系。当两表之间存在关系时，在两个表格之间将会出现连接线，将鼠标指针移动到连接线上将会突出显示存在的关系，双击便可以打开"创建关系"界面（见图1-2-16），此时可对表格间的关系进行管理。用鼠标右键单击关系连接线会出现两个选项，分别是"删除"和"属性"，单击"删除"选项将会删除该关系，单击"属性"选项也会进入"创建关系"界面。

图1-2-16

📈 项目小结

通过本项目的学习，读者应重点掌握以下知识。

（1）读者对商务数据可视化具备初步认知，能够理解商务数据可视化有利于数据的阅读与分析，能够认识到借助数据可视化可以更形象生动地呈现潜在的信息。

（2）读者能够熟悉商务数据可视化工具Power BI的软件界面及三种不同的视图，并能够进行简单操作，为后续项目的学习奠定基础。

项目二 开展商务数据预处理
——数据连接与数据清洗

● **职业能力目标**

　　数据是数据分析的基础，所以Power BI创建报表的第一步就是获取数据。本项目首先详细介绍如何在Power BI中从各种数据源获取数据，然后重点讲解如何利用查询编辑器对导入的数据进行清洗，将其转换成满足用户需求的干净数据，为用户将来从事数据可视化与分析工作打下数据基础。

任务一　数据连接

 典型工作任务

我国至少有1.5亿只宠物，宠物经济的市场潜力也达到了250亿元人民币，宠物用品蕴藏着巨大的商机。光亮也趁热在淘宝平台开了一家宠物用品店，为了制订更好的营销策略，他每个月都要对新增的店内数据与历史数据进行汇总。如何高效快速地完成这个重复工作呢？

技术知识储备

一、数据源类型

Power BI可连接多种不同类型的数据源，打开 Power BI Desktop，在"主页"选项卡中单击"获取数据"下拉按钮，将会显示常见的几种数据源类型，如图2-1-1所示。

图2-1-1

在"获取数据"下拉列表中单击"更多"选项，在打开的"获取数据"对话框中列出了Power BI可连接的所有数据源类型：文件、数据库、Power Platform、Azure、联机服务和其他。其中"全部"即包括所有类别的可连接数据源，如图2-1-2所示。

二、连接文件

对于"文件"类型的数据，Power BI提供了Excel、文本/CSV、XML、JSON、文件夹、PDF和SharePoint文件夹等数据源连接方式，如图2-1-3所示。

图2-1-2

图2-1-3

（一）连接Excel文件

在"主页"选项卡中单击"获取数据"下拉按钮，在打开的下拉列表中单击"Excel"选项，弹出"打开"对话框，选择"商品基本信息表.xlsx"数据文件，单击"打开"按钮，如图2-1-4所示。

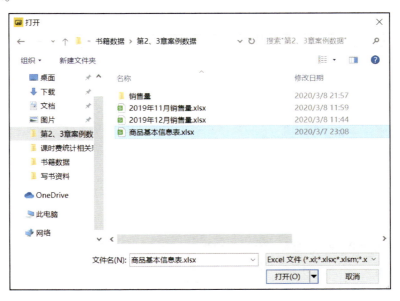

图2-1-4

弹出的"导航器"对话框中会显示数据表信息，在左窗格中选中一个表时，右窗格中就会出现该数据表的数据预览，如图2-1-5所示。

图2-1-5

通常情况下，结构化的数据可以直接加载，需要清洗的数据则使用转换数据工具进入查询编辑器（Power Query，PQ）界面。单击"加载"按钮，数据加载到Power BI后，将会在报表视图右侧的"字段"窗格中显示该表及其列名称，如图2-1-6所示。

（二）连接文件夹

文件夹作为一种特殊的数据源，Power BI可将文件夹中所有文件的文件名、创建日期、文件内容等相关信息作为记录导入数据表。

打开 Power BI Desktop，在"主页"选项卡中单击"获取数据"下拉按钮，在下拉列表中单击"更多"选项，在"文件"类型列表中单击"文件夹"选项，打开"文件夹"对话框，单击"浏览..."按钮选择文件夹的位置，如图2-1-7所示。

图2-1-6

图2-1-7

单击"确定"按钮后，会弹出图2-1-8所示的对话框，从中可以查询该文件夹下的所有文件。

图2-1-8

在图2-1-8所示的对话框的底部有一个"组合"按钮，因为我们的任务是要将该文件夹下的3个文件合并汇总到一张表中，所以单击该按钮，选择"合并并转换数据"选项。在弹出的"合并文件"对话框中，系统会询问要选择以哪个文件作为示例文件，也就是说，要合并的3个文件需要以示例文件的格式为样本来追加内容。通常汇总文件夹中数据的前提是文件夹中的文件格式要保持一致；如果文件格式不一致，则需要尽量把每个文件格式修改一致后再进行合并汇总。由于本案例中每个案例格式都是相同的，所以就默认以第一个文件作为示例文件，单击左窗格中的"Sheet1"表，如图2-1-9所示。

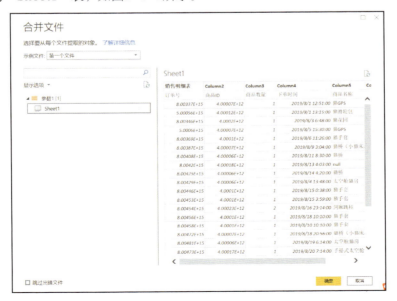

图2-1-9

单击"确定"按钮，进入"Power Query编辑器"界面，能看到两张表的信息汇总到了一张表中，如图2-1-10所示。

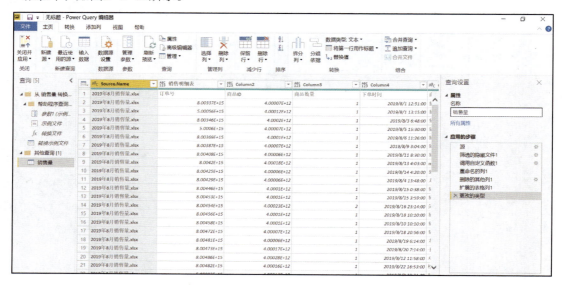

图2-1-10

三、连接数据库

Power BI可连接各种类型的数据库，如SQL Server数据库、Oracle Database、MySQL数据库等，如图2-1-11所示。

图2-1-11

这里主要讲解连接SQL Server数据库的具体操作。

在"主页"选项卡中单击"获取数据"下拉按钮，在打开的下拉列表中选择"SQL Server"选项，如图2-1-12所示。

图2-1-12

在打开的"SQL Server数据库"对话框中，输入服务器地址和数据库名称，如图2-1-13所示。

图2-1-13

单击"确定"按钮，将会打开"加密支持"对话框，如图2-1-14所示。

图2-1-14

单击"确定"按钮，打开"导航器"对话框，在左窗格中选中"商品分析"表，右窗格中将会出现该数据表的数据预览，如图2-1-15所示。

图2-1-15

单击"加载"按钮，Power BI会显示"加载"对话框，如图2-1-16所示。

数据库中的"商品分析"表加载到Power BI后，会在Power BI的报表视图右侧的"字段"窗格中显示该表及其列名称，如图2-1-17所示。

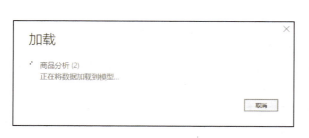

图2-1-16

图2-1-17

对于其他类型的数据库，操作方法类似，这里就不逐一介绍了。

四、连接Web数据

Power BI不仅能从本地获取数据，还能从网页上抓取实时数据。

在"主页"选项卡中单击"获取数据"下拉按钮，在打开的下拉列表中选择"Web"选项，如图2-1-18所示。

在弹出的"从Web"对话框的"URL"文本框中输入网址，如图2-1-19所示。

图2-1-18   图2-1-19

单击"确定"按钮，将建立与网页的连接，打开"导航器"对话框，左窗格中会显示网页上可用表的列表，选中"Table 0"表，右窗格中会出现该数据表的数据预览，如图2-1-20所示。

图2-1-20

单击"加载"按钮，数据表加载到Power BI后，同样会在Power BI的报表视图右侧的"字段"窗格中显示该表及其列名称，如图2-1-21所示。需要注意的是，不是所有网页上的数据都可以直接被获取，这主要取决于网页上数据的格式是否以表格形式提供，Power BI能从网页中识别表格数据，然后将其导入。

商务实战演练

通过以上的操作，我们发现只要把每个月的销售表放到同一个文件夹中，例如，我们将光亮制作的"2019年8月销售量.xlsx"和"2019年9月销售量.xlsx"放进"销售量"这个文件夹内，在Power BI连接数据源时选择"销售量"这个文件夹，就能快速地将两个工作簿的数据汇总到一张表上。更简单的是，当下个月又有销售表更新的时候，例如，现在又增加了10月的销售表，那么只需要将"2019年10月销售量.xlsx"同样加入"销售量"这个文件夹内即可，如图2-1-22所示。

在"Power Query编辑器"界面中直接单击"刷新预览"按钮，如图2-1-23所示。10月的数据瞬间就被添加进来了，如图2-1-24所示。这个过程基本上是自动完成的。对于光亮来说，以后每个月要做的事情就是把新的数据文件放进"销售量"文件夹内，然后单击"刷新预览"按钮即可。

图2-1-21

图2-1-22

图2-1-23

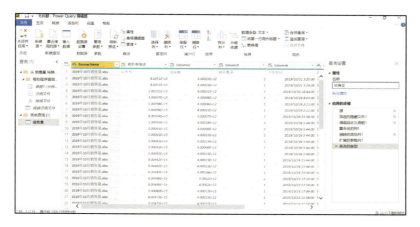

图2-1-24

任务二 数据清洗

典型工作任务

一年一度的"双11"即将到来，作为一家新店经营者，光亮面临的首要问题就是选择哪些商品去参加"双11"活动。请利用查询编辑器强大的数据清洗功能帮助光亮挑选出店内的爆款商品。

技术知识储备

一、查询编辑器的介绍

查询编辑器可连接一个或多个数据源，根据用户的需要调整和转换数据。在Power BI Desktop的"主页"选项卡中单击"编辑查询"下拉按钮，在弹出的下拉列表中选择"编辑查询"命令，如图2-2-1所示。

图2-2-1

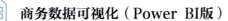

没有数据连接时，查询编辑器显示为空白窗格，如图2-2-2所示。

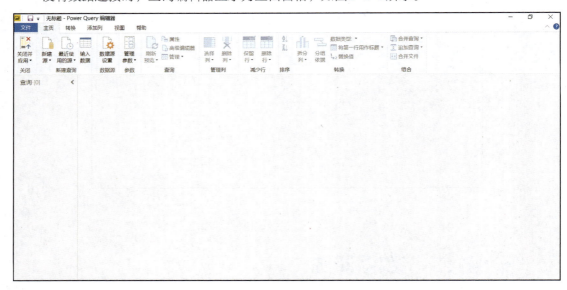

图2-2-2

在"Power Query编辑器"的"主页"选项卡中单击"新建源"下拉按钮，如图2-2-3所示，选中"Excel"选项，导入案例数据"2019年8月销售量.xlsx"。

图2-2-3

建立数据连接后，"Power Query编辑器"中显示的界面主要由四部分组成：功能区、"查询"窗格、中间窗格、"查询设置"窗格，如图2-2-4所示。

（一）功能区

功能区包含"文件"菜单和"主页""转换""添加列""视图""帮助"5个选项卡。

图2-2-4

1．"文件"菜单

"文件"菜单如图2-2-5所示，菜单中各命令的含义如下。

◆ 关闭并应用：关闭查询编辑器并应用所做的更改。

◆ 应用：应用所做的更改，但不关闭查询编辑器。

◆ 关闭：关闭查询编辑器。

◆ 保存：保存当前所做的更改。

◆ 另存为：将查询另取一个名称保存。

◆ 选项和设置：可以在子菜单中选择管理Power BI的环境选项和数据源设置。

◆ 帮助：可在子菜单中选择查看各种辅助学习资源。

2．"主页"选项卡

"主页"选项卡提供了常见的查询功能，如图2-2-6所示。

图2-2-5

图2-2-6

3．"转换"选项卡

"转换"选项卡提供了对数据的相关转换操作，如图2-2-7所示。

图2-2-7

4．"添加列"选项卡

"添加列"选项卡提供了各种添加列的功能，如图2-2-8所示。

图2-2-8

5．"视图"选项卡

"视图"选项卡提供了查询编辑器界面相关的选项设置，如图2-2-9所示。

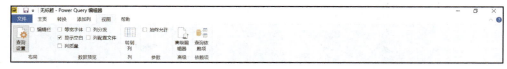

图2-2-9

6．"帮助"选项卡

"帮助"选项卡提供了相关的学习辅助资源，如图2-2-10所示。

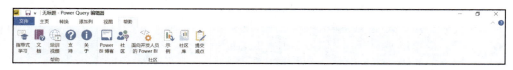

图2-2-10

（二）"查询"窗格

"查询"窗格用于显示Power BI当前获取数据时使用的所有查询，如图2-2-11所示。

在Power BI中，一个查询导入的数据为一个数据表（简称为表）。当从"查询"窗格中选择一个查询后，其数据显示在中间窗格中。我们选中"Sheet1"表，用鼠标右键单击将查询"2019年8月销售量"表。

图2-2-11

（三）中间窗格

中间窗格用于显示已选择的查询中的数据，如图2-2-12所示。

	销售明细表	Column2	Column3	Column4	Column5	
1	订单号	商品ID	商品数量	下单时间	商品名称	
2	8.00337E+15	4.00007E+12	1	2019/8/1 12:51:00	猫GPS	
3	5.00058E+15	4.00012E+12	1	2019/8/1 13:15:00	猫滑轮包	
4	8.00346E+15	4.0002E+12	1	2019/8/3 6:48:00	猫花园	
5	5.0006E+15	4.00007E+12	1	2019/8/3 15:30:00	猫GPS	
6	8.00369E+15	4.0001E+12	1	2019/8/6 11:26:00	猫手套	
7	8.00387E+15	4.00007E+12	1	2019/8/9 3:04:00	猫桥（小猫床款）	
8	8.00408E+15	4.00016E+12	1	2019/8/11 8:30:00	猫桥	
9	8.0042E+15	4.00018E+12	1	2019/8/13 4:03:00	null	n
10	8.00425E+15	4.00006E+12	1	2019/8/14 4:20:00	猫桥	
11	8.00429E+15	4.00006E+12	1	2019/8/4 13:48:00	太空舱 猫房	
12	8.00446E+15	4.0001E+12	1	2019/8/15 0:38:00	猫手套	
13	8.00453E+15	4.0001E+12	1	2019/8/15 3:59:00	猫手套	
14	8.00454E+15	4.00023E+12	2	2019/8/16 23:14:00	剑麻跳柱	
15	8.00456E+15	4.0001E+12	1	2019/8/18 10:10:00	猫手套	
16	8.00458E+15	4.0001E+12	1	2019/8/10 10:10:00	猫手套	
17	8.00472E+15	4.00007E+12	1	2019/8/18 20:56:00	猫桥（小猫床款）	
18	8.00481E+15	4.00006E+12	1	2019/8/19 6:14:00	太空舱 猫房	
19	8.00473E+15	4.00017E+12	1	2019/8/20 7:14:00	手提式太空验包	
20	8.00486E+15	4.00016E+12	1	2019/8/12 11:58:00	双层猫吊床	
21	8.00482E+15	4.0001E+12	1	2019/8/22 16:53:00	松木猫跳台	

图2-2-12

（四）"查询设置"窗格

"查询设置"窗格包含两个部分：属性和应用的步骤，如图2-2-13所示。

1．属性

单击"所有属性"选项，可打开"查询属性"对话框，如图2-2-14所示。

图2-2-13　　　　　　　　　　　　图2-2-14

2．应用的步骤

"应用的步骤"列出了当前查询所包含的基本步骤。图2-2-13所示的"应用的步骤"包含了以下4个步骤：源、导航、提升的标题和更改的类型。这4个步骤是按顺序执行的，单击某一个步骤，中间窗格就会显示该步骤对应的数据预览。打开查询编辑器后，中间窗格默认会显示"应用的步骤"中最后一个操作时的数据，也是最终加载到Power BI中的数据。

二、数据清洗

（一）数据转换

数据转换主要是对查询中的数据执行进一步的加工。

1．将第一行用作标题

在Excel中，通常第一行为标题行，第二行起才是数据，但在PQ界面中，从第一行开始就要求是数据记录，标题要在数据之上。因此，从Excel导入数据的第一步就是提升标题，通常这个操作在Power BI中会自动完成，如图2-2-15所示。

在本示例中，由于"2019年8月销售量.xlsx"中前两行都不是数据，还需要再一次提升标题。在"转换"选项卡中单击"将第一行用作标题"下拉按钮，在下拉列表中选择"将第一行用作标题"命令（见图2-2-16），完成标题提升，如图2-2-17所示。

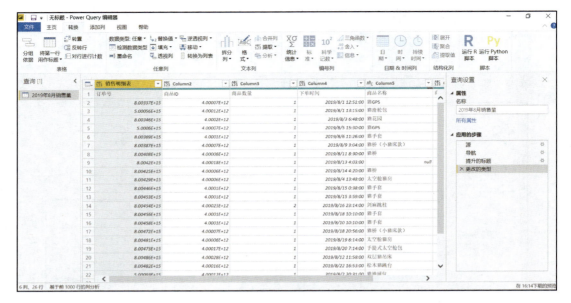

图2-2-15

图2-2-16

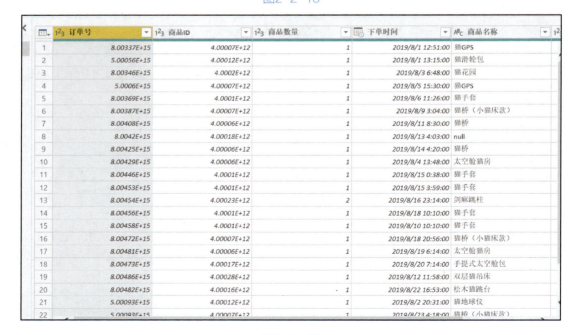

图2-2-17

2．修改数据类型

在"转换"选项卡中单击"数据类型"下拉按钮，可查看到PQ中常用的数据类型，如图2-2-18所示。

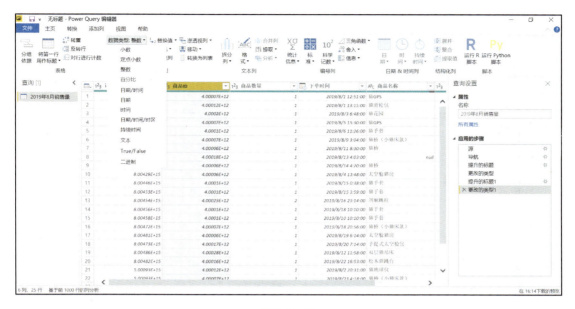

图2-2-18

通常查询能自动识别源数据的数据类型，但不一定准确。例如，在图2-2-17中，"订单号"和"商品ID"被识别为整数，显然不适用。单击"订单号"左侧的数据类型按钮，在下拉列表中选择"文本"选项，如图2-2-19所示。

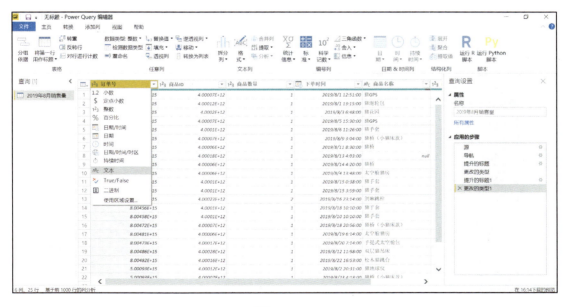

图2-2-19

在打开的"更改列类型"对话框中单击"替换当前转换"按钮，表示在当前步骤中即完成数据类型的更改，如图2-2-20所示。

按同样的方法将"商品ID"数据类型也更改为"文本"，将"下单时间"数据类型由"日期/时间"更改成"日期"，完成数据类型转换后的数据预览结果如图2-2-21所示。

图2-2-20

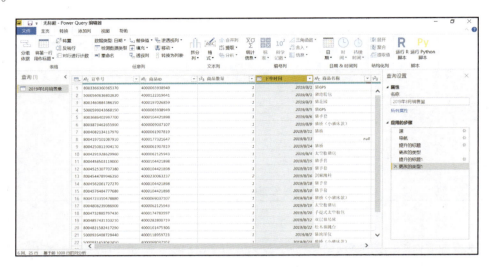

图2-2-21

3．数据筛选

单击标题列右侧的筛选按钮，可以剔除不需要的信息行。例如，我们要查看2019/8/1日的销售数据，单击"下单时间"右侧的筛选按钮，只选中"2019/8/1"选项，如图2-2-22所示。筛选后的数据预览结果如图2-2-23所示。

图2-2-22

图2-2-23

4．删除空值

导入后的数据中可能会有空值，单击"商品名称"右侧的筛选按钮，在弹出的筛选条件中选择"删除空"选项，如图2-2-24所示，则可以将示例查询中的空值删除。

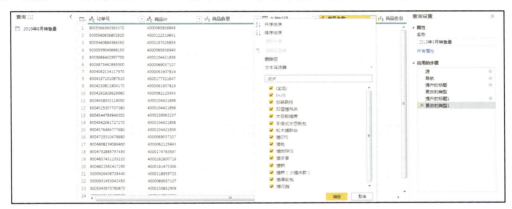

图2-2-24

5．日期提取

PQ中日期格式比较特殊，我们可以按年、月、日等不同的组合提取时间，例如我们要提取月份，选中"下单时间"列，在"转换"选项卡中单击"时间"下拉按钮，在下拉列表中选择"月份"中的"月份名称"选项，如图2-2-25所示。"下单时间"列中的日期数据就会显示对应的月份"八月"，如图2-2-26所示。

图2-2-25

图2-2-26

6．透视与逆透视

透视就是把表中的值变成列，逆透视则是把表中的列转换成值。在透视过程中，还可以选择对值进行聚合函数的运算。

（1）在"主页"选项卡中单击"选择列"下拉按钮，在下拉列表中选择"选择列"选项，如图2-2-27所示。

图2-2-27

（2）在弹出的"选择列"对话框中选中"商品数量""下单时间""商品名称"，如图2-2-28所示。

（3）选中列的数据预览结果如图2-2-29所示。

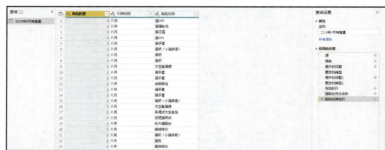

图2-2-28   图2-2-29

（4）选中"商品名称"列，在"转换"选项卡中单击"透视列"按钮，如图2-2-30所示。

图2-2-30

（5）在弹出的"透视列"对话框中，默认的"值列"是商品数量，展开"高级选项"，可以看到默认的"聚合值函数"是"求和"，如图2-2-31所示，单击"确定"按钮。

图2-2-31

（6）数据透视表就完成了，如图2-2-32所示。

图2-2-32

（7）在这个数据透视表中，我们可以清楚地看到每个商品在八月的累计销量。逆透视就是反过来操作，选择"下单时间"列，单击"转换"选项卡中的"逆透视列"下拉按钮，在下拉列表中选择"逆透视其他列"命令，如图2-2-33所示。

图2-2-33

（8）逆透视后的表如图2-2-34所示。

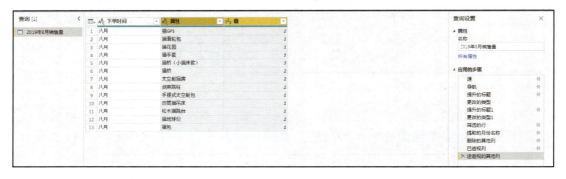

图2-2-34

7．转置

转置就是把列变成行或者把行变成列，单击"转置"命令，转置后的表如图2-2-35所示。

在以上的数据转换中，我们会发现，所有的操作都会被记录在"应用的步骤"区域中，如图2-2-35所示，其中带有设置标记 ⚙ 的，都是可以更改的。我们也可以删除某一个步骤，单击步骤名左侧的 ✕ 按钮，就可以删除该步骤。我们还可以移动步骤，互换操作的顺序。例如，我们可以把"提取的月份名称"移动到"删除的其他列"之后，如图2-2-36所示。

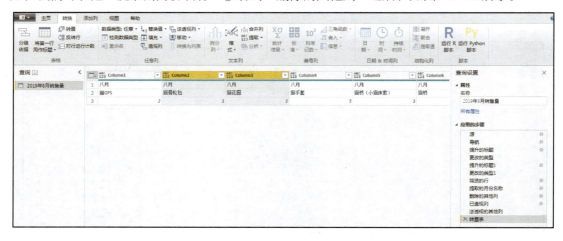

图2-2-35

图2-2-36

需要注意的是，并不是所有的步骤都可以调换顺序的，在进行移动步骤操作时，要避免前后步骤出现冲突。例如，我们把"删除的其他列"移动到"更改的类型1"之前，在执行"更改的类型1"操作时，系统就会报错，如图2-2-37所示。

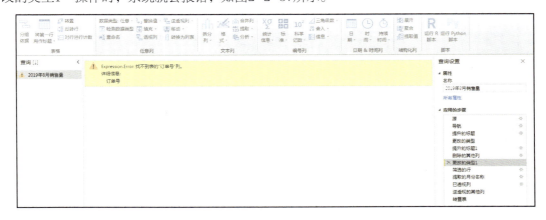

图2-2-37

因为在"删除的其他列"操作中，我们已经把"订单号"列删除了，再对它执行类型修改，自然就找不到这一列了。

（二）数据丰富

通常在做数据分析的时候，我们还需要在原有数据的基础上增加一些辅助数据。例如，加入一些新列、新行，或从其他表中添加更多维度的数据，这就是数据丰富。

1．索引列

在"添加列"选项卡中单击"索引列"下拉按钮，如图2-2-38所示，可以添加一个从0或者从1开头的序号列。这个序号列在后期的数据分析中可以用来排序或者快速定位到想要的行。

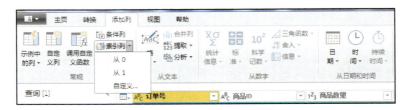

图2-2-38

2．条件列

"添加列"命令与Excel中的IF函数作用相似，如图2-2-39所示。

图2-2-39

如果要把"下单时间"分为3个区间："八月上旬""八月中旬""八月下旬"，在"添加条件列"对话框中进行图2-2-40所示的设置即可。

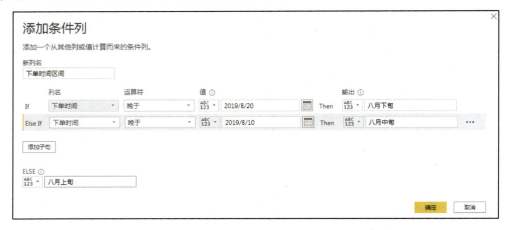

图2-2-40

图2-2-41所示为添加的条件列，使用这种方法的好处是我们能够清楚地设置多重条件，避免使用IF函数进行嵌套。

图2-2-41

3．追加查询

追加查询就是把多张表纵向汇总到一起，用来汇总的表必须具有相同的字段属性。追加查询的功能与之前用文件夹导入数据实现多个文件合并的功能是一样的，不同的是在追加查询中我们需要先将要合并的表添加到PQ中。例如，我们要获取2019年9月到10月的销售量数据，就需要先将"2019年9月销售量""2019年10月销售量"添加到PQ中，选中"2019年9月销售量"，在"主页"选项卡中单击"追加查询"下拉按钮，在下拉列表中有以下两个子命令。

"追加查询"是指在当前选中表的基础上追加其他表。

"将查询追加为新查询"是指把追加后的结果生成一张新表。

首先选择"将查询追加为新查询"命令（见图2-2-42），在弹出的"追加"对话框中选择要追加到主表的表"2019年10月销售量"（见图2-2-43），单击"确定"按钮后，如图2-2-44所示，便完成了将两张表汇总到一张表的操作。

图2-2-42

图2-2-43

图2-2-44

4. 合并查询

合并查询是指横向汇总多张表，需要注意的是，合并查询的表之间必须有相互关联的字段。例如，我们要在"2019年8月销售量"表中添加商品类别信息，首先应在PQ中导入"商品类别表"，使用第一行作为标题，如图2-2-45所示。

图2-2-45

在"查询"窗格先选中"2019年8月销售量"，单击"主页"选项卡中的"合并查询"下拉按钮，在下拉列表中选择"合并查询"命令，如图2-2-46所示。

在弹出的"合并"对话框中选择"商品类别表"，并选中两张表的关联列"商品名称"，"联接种类"采用默认的"左外部（第一个中的所有行，第二个中的匹配行）"，此时系统会自动识别出"所选内容匹配第一个表中的20行（共23行）"，如图2-2-47所示。

图2-2-46

图2-2-47

单击"确定"按钮后，在"2019年8月销售量"表的右侧会增加一个新列"商品类别表"，单击其右上角的按钮，会显示可以扩展的列，因为"商品名称"在原表中已经存在了，因此可以不选中此列，只选择"商品类别"选项，如图2-2-48所示。

单击"确定"按钮后可以看到合并的结果，如图2-2-49所示。我们可以看到添加进来的"商品类别表.商品类别"列中有空值，这是因为在联接的时候使用的是"左外部"，所以左侧表中的所有行都会被保存下来，但是扩展和合并列并没有匹配项，所以显示为空值。

图2-2-48

图2-2-49

联接种类有以下几种，如图2-2-50所示。

如果在刚刚的合并查询中使用"右外部（第二个中的所有行，第一个中的匹配行）"联接，此时系统会自动识别出"所选内容匹配第二个表中的11行（共32行）"，如图2-2-51所示。

图2-2-50 　　　　　　　　　　　　　　　　图2-2-51

当对合并后的查询进行列的展开时，我们会看到左侧的"2019年8月销售量"表中多了21（32-11=21）行空值，这是因为在"2019年8月销售量"表中并没有这21个商品的销售记录；而在"右外部（第二个中的所有行，第一个中的匹配行）"联接结果中，要保留右侧表即"商品图片"表中的所有信息，除去左侧表中不匹配的数据，即我们在"左外部（第一个中的所有行，第二个中的匹配行）"联接结果中看到的"商品图片1"列是空值的行，共三行。因此"右外部（第二个中的所有行，第一个中的匹配行）"联接结果中有41（21+23-3=41）行数据，如图2-2-52所示。

图2-2-52

完全外部联接是指保留两张表中的所有行，相互找到匹配行，所以结果将会保留44行数据，如图2-2-53所示。

图2-2-53

内部联接是指把两张表中仅匹配的行保留，所以结果将会保留20行数据，如图2-2-54所示。

左反联接是指在左侧的表中找到没有匹配的行，所以结果将会保留3行数据，如图2-2-55所示。

右反联接是指保留在右侧表中没有匹配的行，所以结果将会保留21行数据，如图2-2-56所示。

5. 对行进行分组

在PQ中，我们还可以对行进行分组统计。例如，我们现在需要了解8月每个商品的总销售情况。选择"查询"窗格中的"2019年8月销售量"表，单击"转换"选项卡中的"分组依据"按钮，如图2-2-57所示。

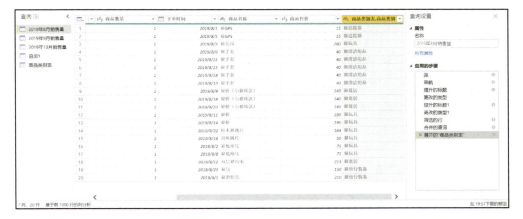

图2-2-54

图2-2-55

图2-2-56

图2-2-57

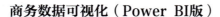

在"分组依据"对话框中，第一个下拉框是选择要进行分组的列，在这里我们选择"商品名称"列。在"新列名"对应的文本框中输入"商品8月销量"，操作选择默认的"对行进行计数"，如图2-2-58所示。单击"确定"按钮后，PQ将执行分组依据操作并返回结果，如图2-2-59所示。

图2-2-58

图2-2-59

 商务实战演练

通常情况下，进行活动推广的产品都是本店内销量最火爆的产品。在任务一中，我们已经把8月、9月、10月三个月的产品销售情况汇总到一张表里面，如图2-2-60所示。

图2-2-60

目前这张数据表中仍然存在很多问题：数据格式不正确、有重复以及无效的订单、数据行中加入了每张表的表头等，因此，需要利用PQ完成数据清洗。

　　首先选中"Source.Name"列并用鼠标右键单击，在弹出的快捷菜单中单击"删除"命令以删除多余的列。然后单击"转换"选项卡中的"将第一行用作标题"命令，将原表中的第二行作为标题，如图2-2-61所示。

图2-2-61

　　对于空行等无用的信息行，需要使用表头的筛选按钮进行剔除。由于目前的表格是由多张表汇总到一起的，每张表的表头也被加了进来，这几行也必须删除，如图2-2-62所示。

图2-2-62

　　将"订单号"和"商品ID"两列的数据类型修改为文本，"下单时间"列的数据类型修改为日期，然后单击中间窗格左上角的按钮，在弹出的列表中选择"删除重复项"选项，如图2-2-63所示。

图2-2-63

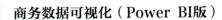

去掉重复订单以后的查询结果共有102行，单击"转换"选项卡中的"分组依据"按钮，在弹出的"分组依据"对话框中设置相关选项，如图2-2-64所示。

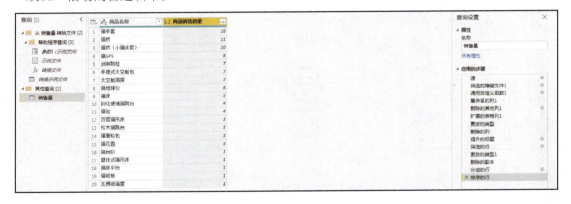

图2-2-64

单击"确定"按钮后，PQ将执行分组依据操作并返回结果，选中"商品销售数量"列，进行"降序排序"，排序后的结果如图2-2-65所示，从中我们选出销量靠前的商品作为参加"双11"活动的备选名单。

图2-2-65

📈 项目小结 ●●●●●●

通过本项目的学习，读者应重点掌握以下知识。

（1）掌握Power BI分别连接到文件、文件夹、常用数据库和Web数据的方法。

（2）了解查询编辑器的概况。

（3）掌握数据转换的方法。

（4）掌握数据丰富的方法，能够设计出满足需求的查询。

项目三

构建运营数据分析
——制作可视化图表

　　Power BI报表主要通过各种可视化效果向用户客观地展示数据分析结果。本项目将详细介绍七种Power BI自带的视觉对象，重点讲解如何利用合适的视觉对象对企业的经营数据进行不同维度的数据可视化。

任务一　店铺商品销量分析——趋势类数据可视化

 典型工作任务

　　光亮利用PQ将数据清洗成所需要的形式后，初步选出了用于参加"双11"活动的商品名单，为了更精准地了解这7个商品的销售动态，光亮准备设计商品销售数据趋势图。

 技术知识储备

　　Power BI Desktop可以非常方便地在报表中添加可视化效果，以便按所需方式呈现数据。当需要呈现数据的变化趋势时，我们最先想到的就是折线图，折线图能很好地展现某个维度的变化趋势，并且可以比较多组数据在同一个维度上的变化趋势。在企业运营过程中，尤其是在分析销售额、利润等经营数据时，不仅要看变动和趋势，还要看值的积累；另外，还可以用分区图表达这些信息。

一、折线图

　　折线图可以显示随时间（根据常用比例设置）而变化的连续数据，因此非常适用于显示在相等时间间隔下数据的趋势。

（一）利用折线图完成数据趋势呈现

　　打开Power BI Desktop，连接数据"8—10月销售明细汇总表.xlsx"，将工作表"销售明细表"加载到Power BI Desktop中，再通过查询编辑器进行数据预处理，然后返回报表视图，单击"可视化"窗格中的按钮，报表画布将会出现未设置的可视化对象折线图，拖动折线图的边框将其调整到合适的大小，"可视化"窗格的下半部会同步出现该可视化对象可以设置的选项，如图3-1-1所示，默认显示"字段"选项卡。

图3-1-1

　　在"字段"窗格中单击"下单时间"下拉菜单，展开后，找到"日期层次"中的"月份"字段，将其拖入"轴"选项中，将"商品数量"字段拖入"值"选项中，即可完成月销量折线图，如图3-1-2所示，可以看出店铺的发展势头很好，月销量持续上升。

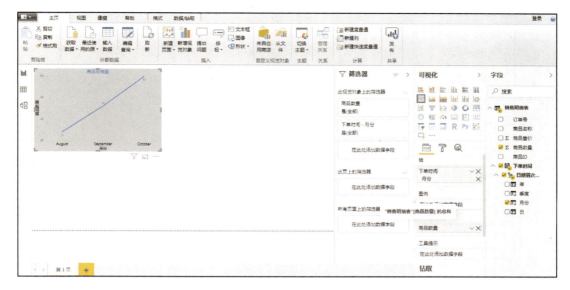

图3-1-2

需要注意两点，一是"下单时间"默认显示为日期层次结构，我们可以根据需要选择不同的日期层次；二是"值"选项中拖入的字段虽然是商品数量，但实际上显示的是按月计算的商品数量的总和。单击"商品数量"右边的 ∨ 按钮，在弹出的列表中可以看到更多的计算选择，如图3-1-3所示。

（二）优化可视化对象的格式

在"可视化"窗格中，我们切换到"格式"选项卡，常见的可视化对象元素包括"X轴""Y轴""数据颜色""数据标签""标题"和"背景"等，如图3-1-4所示，下面将逐一介绍。

1．坐标轴

拖动"X轴"和"Y轴"右侧的开关可以启用或禁用坐标轴。"X轴"的设置项主要包括类型、颜色、文本大小和字体系列等。在本案例中，我们将"X轴"的颜色选成黑色，文本大小

图3-1-3

调为12磅，如图3-1-5所示。"Y轴"的设置项主要包括位置、缩放类型、颜色、文本大小、字体系列、显示单位和值的小数位等，如图3-1-6所示。

2．数据颜色

使用颜色可以突出显示某些重要的数据信息，加强用户对视觉对象的理解。Power BI Desktop提供了各种各样的主题颜色，如果用户不想使用默认的主题颜色，还可以选择"自定义颜色"，如图3-1-7所示。

3．数据标签

数据标签可以开启或关闭，在本案例中，如果要显示数据标签，那么我们将数据标签右侧的开关显示为开，并将颜色选为橙色，如图3-1-8所示，同时报表画布上便会生成图3-1-9所示的效果。

图3-1-4

图3-1-5

图3-1-6

图3-1-7   图3-1-8

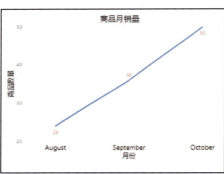

图3-1-9

4．标题

标题的设置项主要包括"标题文本""字体颜色""背景色""对齐方式"和"文本大小"等。在本案例中，我们将"标题文本"修改为"商品月销量"，"字体颜色"设置为蓝色，"对齐方式"设置为居中，如图3-1-10所示。

5．背景

在"背景"设置项中，主要进行背景色的设置，在本案例中，我们选择"自定义颜色"设置背景颜色，如图3-1-11所示。

通过以上操作，我们便完成了使用折线图呈现趋势类数据的可视化效果，如图3-1-12所示。接下来介绍另一种呈现趋势类数据的可视化对象分区图。

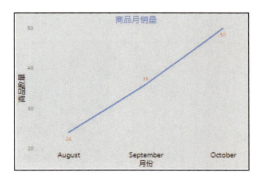

图3-1-10　　　　　　　图3-1-11　　　　　　　　图3-1-12

二、分区图

分区图强调变化随时间推移的度量值，可以用于吸引人们关注某个趋势间的总值。

打开Power BI Desktop，连接数据"8—10月销售明细汇总表.xlsx"，将工作表"销售明细表"加载到Power BI Desktop中，再通过查询编辑器进行数据预处理，然后返回报表视图，单击"可视化"窗格中的 按钮，报表画布将会出现未设置的可视化对象分区图，拖动分区图的边框将其调整到合适的大小，"可视化"窗格的下半部会同步出现该可视化对象可以设置的选项。同样将"字段"窗格中的"下单时间"展开，将"日期层次"中的"月份"字段拖入"轴"选项中，将"商品数量"字段拖入"值"选项中，即可完成月销量分区图，如图3-1-13所示。

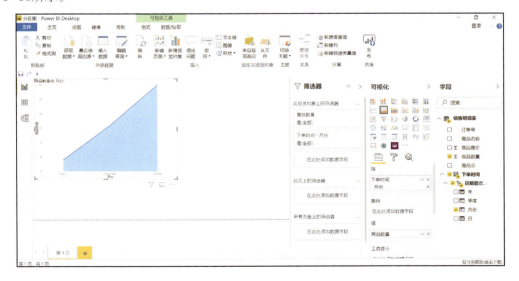

图3-1-13

上述操作是对整个店铺的月销量进行的数据趋势可视化，而在具体的任务中，光亮需要了解店铺内不同商品的销售数据趋势，因此需要将"字段"窗格中的"商品名称"字段拖入"图例"选项中，报表画布中将会生成不同商品的月销量分区图，如图3-1-14所示。

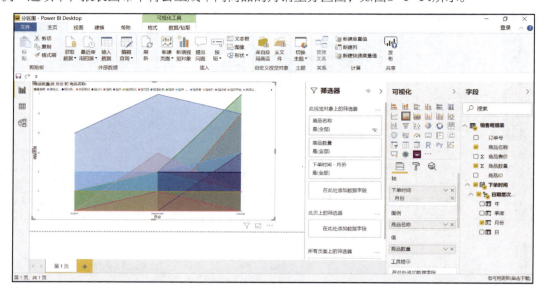

图3-1-14

在图3-1-14中，"商品名称"维度的子项较多，阅读起来较为困难，这时可以使用筛选器提升阅读体验。在"筛选器"窗格中找到"此视觉对象上的筛选器"选项，单击"商品名称"右侧的☑按钮，在显示的区域中，将"字段"窗格的"商品数量"字段拖入"按值"选项中，在"显示项目"的"上"选项右边的文本框中输入值"7"，即按照"商品数量"排名前7位进行筛选，如图3-1-15所示。

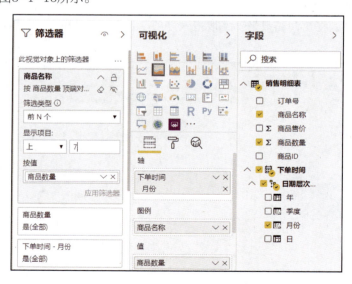

图3-1-15

单击"应用筛选器"按钮，完成筛选，同时报表画布中将会生成月销量排名前7位的商品分区图，如图3-1-16所示。"猫桥""猫桥（小猫床款）""剑麻跳柱"这3种商品的月销量呈上升趋势，"猫手套""手提式太空舱包""太空舱猫房"这3种商品的月销量呈下滑趋势。同时，我们还能对不同商品的销售量进行比较，进一步筛选出参加活动的商品名单："猫手套""猫桥""猫桥（小猫床款）"和"剑麻跳柱"。

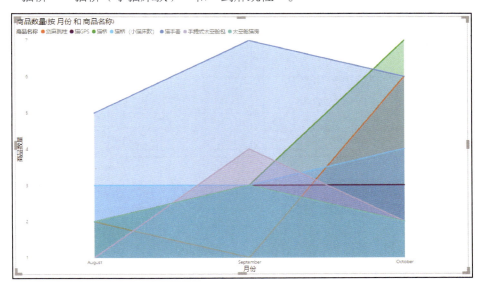

图3-1-16

 商务实战演练

　　企业在实际运营过程中会产生很多趋势类的数据，如访客数、加购人数等，如果只使用单一的可视化效果，可能难以将所有重要的数据呈现给决策者，此时我们可以将之前介绍的两种呈现趋势化数据的自定义对象放在同一张报表中，完成其可视化效果的制作。

一、获取数据并完成数据预处理

　　单击"主页"选项卡下的"获取数据"选项，将"3.1实战演练.xlsx"中的工作表"访客数据"加载到Power BI Desktop中，通过查询编辑器进行数据预处理。

二、生成默认状态下的折线图和分区图

（一）折线图——访客数

　　在"字段"窗格中选择"日期"和"访客数"字段，分别拖入"轴"和"值"选项中，"日期"字段默认显示为日期层次结构，这种情况下无法准确显示图表，所以在"可视化"窗格的"轴"选项中单击"日期"右侧的☑按钮，在弹出的下拉列表中选择"日期"选项，如图3-1-17所示；同时"轴"选项中即可显示日期而不是日期的层次结构，如图3-1-18所示。

（二）分区图——加购人数

　　在"字段"窗格中选择"日期"和"加购人数"字段，分别拖入"轴"和"值"选项中，"日期"字段默认显示为日期层次结构，这种情况下无法准确显示图表，所以在"可视化"窗

格的"轴"选项中单击"日期"右侧的□按钮，在弹出的下拉列表中选择"日期"选项，同时"轴"选项中即可显示日期而不是日期的层次结构，如图3-1-19所示。

图3-1-17

图3-1-18

图3-1-19

（三）优化自定义视觉对象格式

根据需要，调整两个可视化对象的标题、曲线等选项，让两个可视化对象大小、字体以及整体布局尽量保持一致。最终呈现的效果如图3-1-20所示。

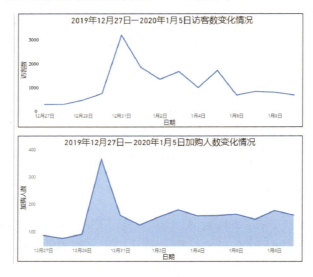

图3-1-20

任务二　店铺流量来源分析——对比类数据可视化

 典型工作任务

店铺选中的畅销商品参加了"双11"的相关推广活动后，光亮店铺的成交量节节攀升，但在运营的过程中，光亮发现相同的商品投放到不同的渠道或者不同的商品投放到相同的渠道，最后的推广效果是不一样的。为了采取更有效的渠道运作策略，光亮需要对店铺的流量渠道进行分析。

技术知识储备

数据的对比分析是商务数据分析中经常要做的一项工作。例如，哪个平台销量最好、哪个产品利润最高、哪个推广渠道最有效等，在数据的对比分析中，常用的可视化对象有柱形图和条形图，以及这些图的变形和组合，可以针对不同的数据场景、不同的数据信息进行灵活的选择。

一、簇状柱形图

簇状柱形图是由一系列的垂直柱体组成的，主要用来观察各个项目的大小，对于趋势分析就比较弱，当要观察的数据项不多时，使用簇状柱形图是比较合适的。

（一）利用簇状柱形图完成店铺流量来源数据对比

打开Power BI Desktop，连接数据"3.2对比类.xlsx"，将工作表"流量结构"加载到Power BI Desktop中，通过查询编辑器进行数据预处理。

返回报表视图，单击"可视化"窗格中的 按钮，报表画布将会出现未设置的可视化对象折线图，拖动折线图的边框将其调整到合适的大小，"可视化"窗格的下半部会同步出现该可视化对象可以设置的选项。在"字段"窗格中选择"成交订单数"和"来源明细"字段，分别拖入"轴"和"值"选项中，即可完成默认图表的生成，如图3-2-1所示。

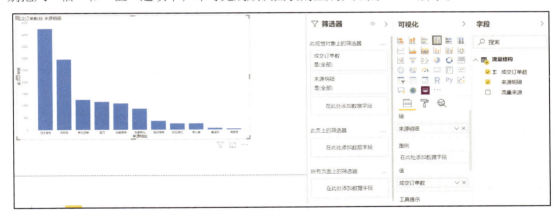

图3-2-1

（二）优化可视化对象的格式

在"可视化"窗格中，切换到格式选项卡，开启数据标签选项，并将数据标签颜色设为"紫色"，文本大小修改为"11"，再将整个可视化对象的标题居中。为了增强数据对比的可视化效果，还可以在图表中添加辅助线。在"可视化"窗格中，切换到分析选项卡，单击"平均值线"左侧的 箭头，添加一条平均值线1，并开启其数据标签，如图3-2-2所示。通过以上步骤，最终的可视化效果如图3-2-3所示。

图3-2-2

在进行数据对比时，如果X轴显示的各柱形图的名称过长，可以将图表调整为条形图。例如，图3-2-4所示为不同分店的销售量统计，在设置可视化效果时，一般首选簇状柱形图，但由于店名较长，在分类轴上名称均斜着排列，影响了整体数据的可视化效果，这种情况下我们就可以用簇状条形图优化效果。

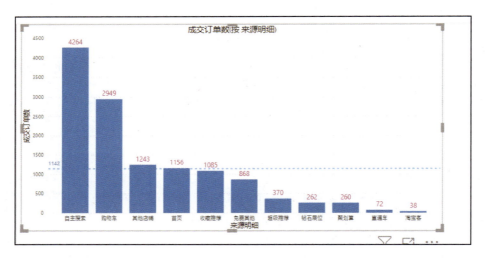

图3-2-3

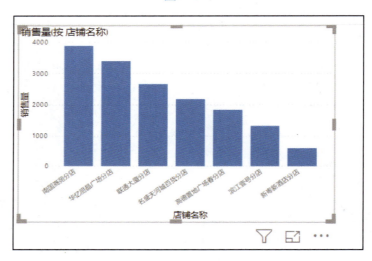

图3-2-4

二、簇状条形图

簇状条形图由一系列水平条组成，可以用来比较两个或多个项目的相对大小，它的行和列与簇状柱形图的行和列刚好相反。当需要特别关注数据大小或者分类名称比较长时，簇状条形图就比较合适。

（一）利用簇状条形图完成店铺销售量数据的对比

打开Power BI Desktop，连接数据"3.2对比类.xlsx"，将工作表"店铺销量"加载到Power BI Desktop中，通过查询编辑器进行数据预处理。

返回报表视图，单击"可视化"窗格中的 📊 按钮，报表画布将会出现未设置的可视化对象折线图，拖动折线图的边框将其调整到合适的大小，"可视化"窗格的下半部会同步出现该可视化对象可以设置的选项。在"字段"窗格中选择"店铺名称"和"销售量"字段，分别拖入"轴"和"值"选项中，即可完成默认图表的生成，如图3-2-5所示。

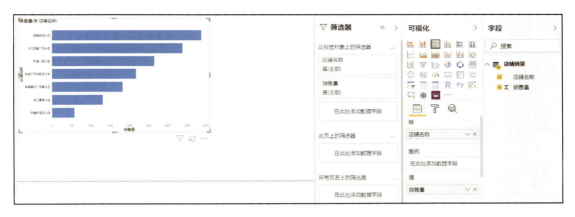

图3-2-5

（二）优化可视化对象的格式

在"可视化"窗格中，切换到格式选项卡，将"Y轴"文本大小设为"12"，开启数据标签选项，并将数据标签位置选项设为"端内"，再将可视化对象的标题对齐方式设为"居中"。切换到分析选项卡，单击"平均值线"左侧的☑按钮，添加一条平均值线1，并开启其数据标签，以上便完成了具有个性化设置的图表的生成，最终的可视化效果如图3-2-6所示。

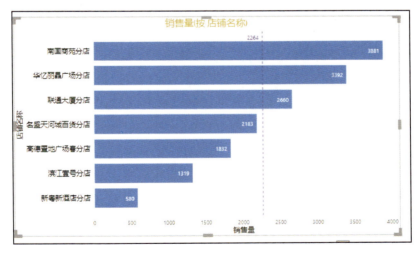

图3-2-6

商务实战演练

在进行商务数据分析时，需要同时将多个序列的数据进行对比。例如，对不同年份的不同季度的销售量进行比较，此时我们将结合第二部分介绍的可视化对象完成其可视化效果的制作。

一、获取数据及完成数据预处理

单击"主页"选项卡下的"获取数据"选项，将"3.2实战演练.xlsx"中的工作表"季度销量表"加载到Power BI Desktop中，通过查询编辑器进行数据预处理。因为需要观察的数据项并不多，数据分类名称也不长，所以适合选用簇状柱形图呈现数据效果。

二、生成默认状态下的簇状柱形图

在"字段"窗格中选择"年份"字段，拖入"轴"选项中，再选择"第一季度""第二季度""第三季度""第四季度"字段，全部拖入"值"选项中，即可完成默认图表的生成，如图3-2-7所示。

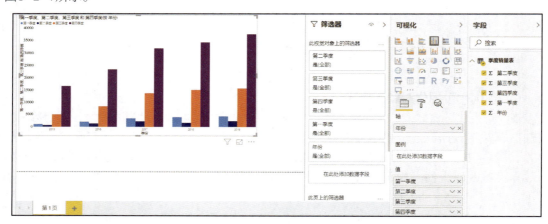

图3-2-7

三、优化可视化对象的格式

在"可视化"窗格中，切换到格式选项卡。根据需要，对Y轴、数据标签、背景等选项进行个性化设置，最终的可视化效果如图3-2-8所示。

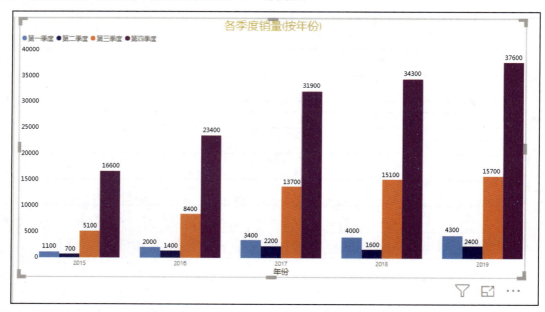

图3-2-8

任务三　店铺顾客结构分析——占比类数据可视化

 典型工作任务

　　调整了推广营销策略后，光亮的猫宠物用品店的访客数有了爆炸式的增长。为了更好地吸引顾客的眼球，提高产品的点击率，光亮准备对店铺装修进行升级改造。请利用合适的可视化对象对店铺顾客的结构进行分析，帮助光亮选择合适的装修风格。

 技术知识储备

　　结构分析也是商务数据分析中经常要做的一项工作，例如，同一产品中各个品牌的市场占有率、店铺顾客的性别比例、年龄阶层占比等。在对数据的占比分析中，常用的可视化对象有饼图和圆环图，以及这些图的变形和组合，可以针对不同的数据场景、不同的数据信息进行灵活的选择。

一、饼图

　　饼图适用于显示个体与整体的比例关系，显示数据项目相对于总量的比例，每个扇区显示其占总体的百分比，所有扇区百分数的总和为100%。

（一）利用饼图完成店铺顾客性别占比分布

　　打开Power BI Desktop，连接数据"3.3占比类.xlsx"，将工作表"顾客信息表"加载到Power BI Desktop中，再通过查询编辑器进行数据预处理。

　　返回报表视图，单击"可视化"窗格中的 按钮，报表画布将会出现未设置的可视化饼图，拖动饼图的边框，将其调整到合适的大小，"可视化"窗格的下半部会同步出现该可视化对象可以设置的选项。在"字段"窗格中选择"顾客ID"和"性别"字段，分别拖入"值"和"图例"选项中，即可完成默认饼图的生成，如图3-3-1所示。

图3-3-1

（二）优化可视化对象的格式

　　在"可视化"窗格中，切换到格式选项卡。单击"数据颜色"选项修改颜色，如图3-3-2所示。

　　单击"详细信息"选项，颜色选择黑色，显示单位选择"无"，文本大小选择"10磅"，标签位置选择"内部"，如图3-3-3所示。

　　单击"标题"选项，标题文本选择"顾客画像"，字体颜色选择黑色，对齐方式选择居中，文本大小选择"19磅"，如图3-3-4所示。

图3-3-2　　　　　　　　图3-3-3　　　　　　　　图3-3-4

　　通过以上操作，最终的可视化效果如图3-3-5所示，可知猫宠物用品店的近80%顾客都是女性。

　　饼图的作用是突出重点项目的占比。当需要比较的项目过多，而且项目的数据差异不是很大时，尤其是在需要显示数据标签的时候，使用饼图会比较乱，如图3-3-6所示，因为人的眼睛很难分清楚谁大谁小，而使用柱形图就很容易区分，如图3-3-7所示。

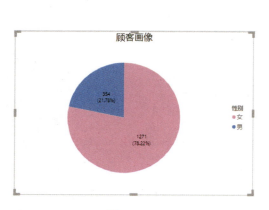

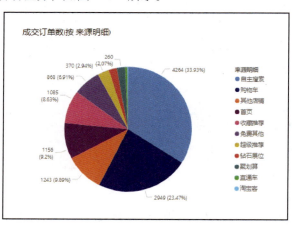

图3-3-5　　　　　　　　　　　　　　图3-3-6

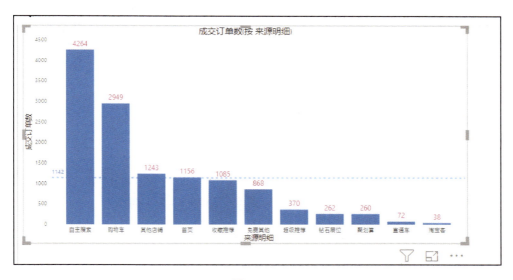

图3-3-7

二、圆环图

圆环图与饼图类似，只是中心是空的，可以将几个圆环图或者与卡片图叠加结合使用，体现更多数据信息。

（一）利用圆环图完成店铺顾客性别占比分布

打开Power BI Desktop，连接数据"3.3占比类.xlsx"，将工作表"顾客信息表"加载到Power BI Desktop中，再通过查询编辑器进行数据预处理。

返回报表视图，单击"可视化"窗格中的 ⊙ 按钮，报表画布将会出现未设置的可视化饼图，拖动饼图的边框，将其调整到合适的大小，"可视化"窗格的下半部会同步出现该可视化对象可以设置的选项。在"字段"窗格中选择"年龄阶层"和"顾客ID"字段，分别拖入"图例"和"值"选项中，即可完成默认饼图的生成，如图3-3-8所示。

图3-3-8

（二）优化可视化对象的格式

在"可视化"窗格中，切换到格式选项卡。单击"详细信息"选项，标签位置选择"内部"，文本大小选择"10磅"。单击"标题"选项，标题文本选择"顾客画像"，字体颜色选择黄色，对齐方式选择居中，文本大小选择"19磅"。通过以上个性化设置，最终的可视化效果如图3-3-9所示，可知猫宠物用品店的顾客以中青年人群为主。利用饼图和圆环图对顾客的构成占比进行分析后，可知光亮店铺的主力消费群体是中青年女性，那么店铺装修的整体风格可以偏柔美、温馨一些。

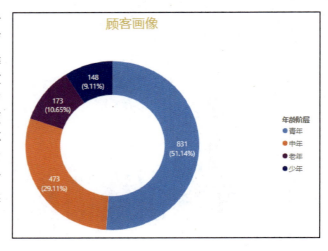

图3-3-9

 商务实战演练

在进行商务数据分析时，如果要分析多个系列的数据中每个数据占各自数据总和的百分比，例如，同时展现销售额和利润的结构分析，就可以绘制两个环形图分别表示，完成其可视化效果的制作。

一、获取数据及完成数据预处理

单击"主页"选项卡下的"获取数据"命令，将"3.3实战演练.xlsx"中的工作表"商品销量表"加载到Power BI Desktop中，通过查询编辑器进行数据预处理。

二、创建商品销售额圆环图

在"字段"窗格选择"商品类别"和"销售额"字段，分别拖入"图例"和"值"选项中，即可完成默认圆环图的生成，如图3-3-10所示。

图3-3-10

在"可视化"窗格中，切换到格式选项卡。单击"详细信息"选项，标签样式选择"总百分比"，文本大小选择"11磅"，标签位置选择"内部"。单击"形状"选项，内半径选择"73"。单击"标题"选项，标题文本选择"商品销售额与利润结构分析"，字体颜色选择黄色，对齐方式选择居中，文本大小选择"18磅"。单击"常规"选项，高度设置为"843"，宽度设置为"551"。通过以上个性化设置，最终的可视化效果如图3-3-11所示。

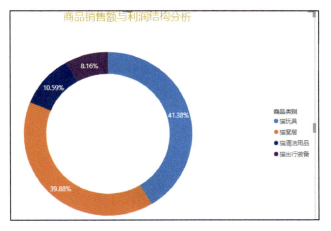

图3-3-11

三、创建商品利润圆环图

在"字段"窗格中选择"商品类别"和"利润"字段，分别拖入"图例"和"值"选项中，即可完成默认圆环图的生成，最终的可视化效果如图3-3-12所示。

在"可视化"窗格中，切换到格式选项卡。单击"图例"选项，关闭图例，从图3-3-11和图3-3-12中可以看到两个圆环图的图例是一样的，在同一张报表画布中，同样的图例可以跨图使用。单击"详细信息"选项，标签样式选择"总百分比"，文本大小选择"9磅"，标签位置选择"内部"。单击"形状"选项，内半径选择"67"。单击"标题"选项，关闭标题。单击"背景"选项，关闭标题。单击"常规"选项，高度设置为"834"，宽度设置为"431"。通过以上个性化设置，最终的可视化效果如图3-3-13所示。

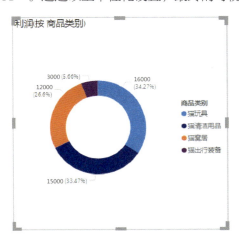

图3-3-12

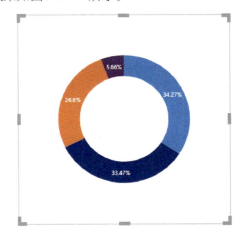

图3-3-13

四、生成商品销售额与利润双圆环图

在报表画布中选中商品利润圆环图，将其拖入商品销售额圆环图的内部，即可生成商品销售额与利润双圆环图，最终的可视化效果如图3-3-14所示。

为了更好地区分内外圆环所代表的数据系列，还需要在画布上插入文本框加以说明。单击"主页"选项卡中的 文本框 按钮，画布中将会出现一个空白的文本框，输入内外圈的数据名称，如图3-3-15所示。将文本框调整到合适大小，最终的商品销售额与利润双圆环图效果如图3-3-16所示。

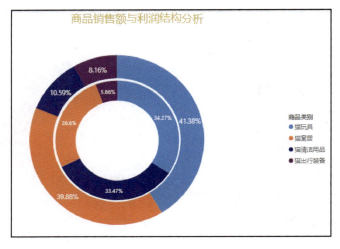

图3-3-14

图3-3-15

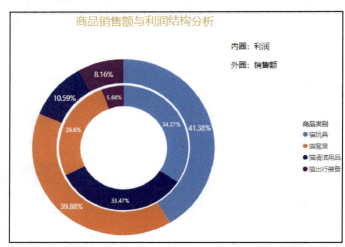

图3-3-16

任务四 店铺顾客地域分析——分布类数据可视化

典型工作任务

随着店铺的发展壮大，光亮发现获取顾客的成本越来越高，尤其是获取新顾客的成本，对比老顾客将近提高了10倍。如何降低"拉新"成本、提高老顾客的回购率？请利用合适的可视化对象对光亮店铺顾客分布的地域进行分析，研究其各个地域的业绩和客单价等指标，指导并调整店铺的市场营销策略。

技术知识储备

在很多情况下，需要对数据进行分布分析，例如，不同投资项目的收益和风险分布、不同销售人员的销售能力、不同规模店铺的盈利能力等。在数据分布分析中，常用的可视化对象是散点图。

散点图有两个数据轴，在X轴和Y轴的交叉处会显示多个数据点，同时可将相关数据合并到各个数据点。

（一）利用散点图完成店铺客户地域业绩数据对比

打开Power BI Desktop，连接数据"3.4分布类.xlsx"，将工作表"业绩表"加载到Power BI Desktop中，再通过查询编辑器进行数据预处理。

返回报表视图，单击"可视化"窗格中的 ⠿⠿ 按钮，报表画布将会出现未设置的可视化散点图，拖动散点图的边框，将其调整到合适的大小，"可视化"窗格的下半部会同步出现该可视化对象可以设置的选项。在"字段"窗格中选择"顾客人数""人均客单价""省份""业绩"，分别拖入"X轴""Y轴""图例""大小"选项中，即可完成默认图表的生成，如图3-4-1所示。

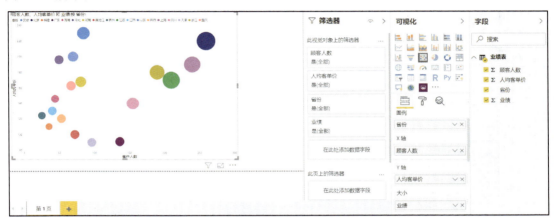

图3-4-1

（二）优化可视化对象的格式

在"可视化"窗格中，切换到分析选项卡，单击"平均值线"选项展开平均值线设置视图，单击"添加"按钮添加平均值线1，"度量值"选择"顾客人数"，如图3-4-2所示；再次单击"添加"按钮添加平均值线2，"度量值"选择"人均客单价"，如图3-4-3所示。通过以上个性化的设置，一张四象限散点图就生成了，如图3-4-4所示。

图3-4-2

图3-4-3

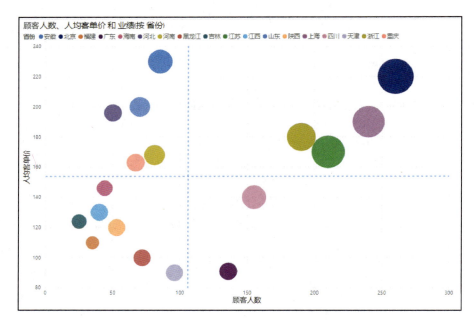

图3-4-4

为了便于观察，可以在散点图的每个象限中插入一个文本框，对各自象限的数据特点做简要描述，如图3-4-5所示。

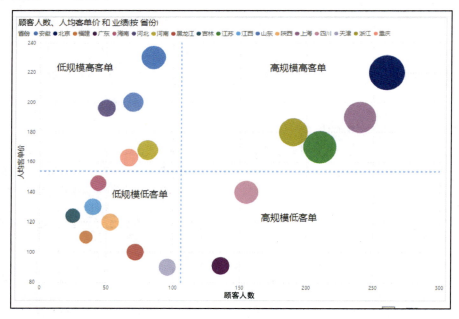

图3-4-5

在图3-4-5中，根据顾客人数和人均客单价将顾客所在省份划分成四个象限，针对不同的象限应该制订不同的市场营销策略。例如，北京、上海、浙江和江苏这四个高规模高客单的区域是主要盈利区域，需要重点维护，要做好市场投入和相关营销，可以适当考虑加大投入。四川和广东这两个高规模低客单的地域可以尝试采用优惠力度较大的组合套餐，加强商品的关联销售，从而提高客单价。

商务实战演练

波士顿矩阵又称市场增长率—相对市场份额矩阵、波士顿咨询集团法、四象限分析法、产品系列结构管理法等。波士顿矩阵由美国著名的管理学家、波士顿咨询公司创始人布鲁斯·亨德森于1970年首创。它是一种分析和规划企业产品组合的方法，将企业所有产品从销售增长率和市场占有率的角度进行再组合。在坐标图上，横轴表示企业销售增长率，纵轴表示市场占有率，各以10%和20%作为区分高、低的界限，将坐标图划分为四个象限，依次为明星类产品（★）、问题类产品（？）、金牛类产品（￥）、瘦狗类产品（×）。其目的在于通过产品所处不同象限的划分，使企业采取不同策略，以保证其不断地淘汰无发展前景的产品，实现产品及资源分配的良性循环。

下面，我们利用散点图完成产品波士顿矩阵的可视化效果。

一、获取数据并完成数据预处理

单击"主页"选项卡下的"获取数据"命令，将"3.4实战演练.xlsx"中的工作表"商品分析表"加载到Power BI Desktop中，通过查询编辑器进行数据预处理。

二、生成默认状态下的散点图

在Power BI Desktop中，单击 按钮进入模型视图，在"字段"窗格选择"年市场增长率"字段，在其右侧的"属性"窗格中将"格式"设置为"百分比"，如图3-4-6所示。

图3-4-6

将"市场份额"字段的"格式"同样设置为"百分比"，如图3-4-7所示。

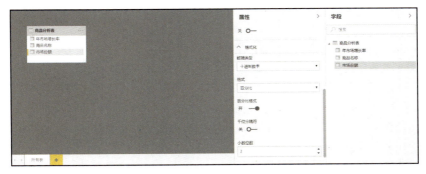

图3-4-7

单击按钮返回报表视图中，单击"可视化"窗格中的按钮，报表画布将会出现未设置的可视化散点图，拖动散点图的边框，将其调整到合适的大小，"可视化"窗格的下半部会同步出现该可视化对象可以设置的选项。在"字段"窗格中选择"年市场增长率""商品名称""市场份额"字段，分别拖入"X轴""图例"和"Y轴"选项中，即可完成默认图表的生成，如图3-4-8所示。

图3-4-8

三、优化可视化对象的格式

在"可视化"窗格中，切换到格式选项卡。单击"形状"选项，将大小设置为46，如图3-4-9所示。切换到分析选项卡，单击"X轴恒线"选项展开其设置视图，单击"添加"按钮添加X轴恒线1，值设置为0.1，如图3-4-10所示。单击"Y轴恒线"选项展开其设置视图，单击"添加"按钮添加Y轴恒线1，值设置为0.2，如图3-4-11所示。通过以上个性化的设置，一张波士顿矩阵图就生成了，效果如图3-4-12所示。

图3-4-9

图3-4-10

图3-4-11

最后，在每个象限插入一个文本框输入对应的产品类别，如图3-4-13所示。

在3-4-13图中可以发现，企业问题产品很多，缺少金牛产品，只有两个明星产品在支撑，这种产品结构的市场风险很高。

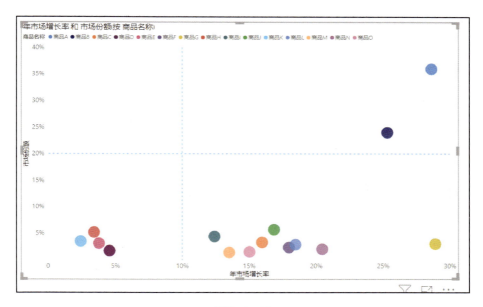

图3-4-12

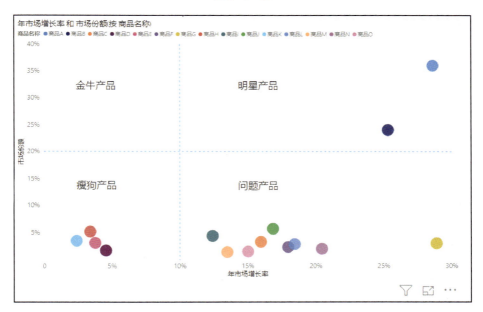

图3-4-13

📈 项目小结

通过本项目的学习，读者应重点掌握以下知识。

（1）熟练掌握折线图和分区图的绘制方法，完成趋势类数据可视化。

（2）熟练掌握簇状柱形图和簇状条形图的绘制方法，完成对比类数据可视化。

（3）熟练掌握饼图和圆环图的绘制方法，完成占比类数据可视化。

（4）熟练掌握散点图的绘制方法，完成分布类数据可视化。

项目四 创新可视化效果——制作自定义视觉对象

职业能力目标

利用可视化视觉对象将数据进行图表化是数据可视化各环节中最重要的部分，但内置的可视化对象有时无法满足可视化效果的创新需求。为了满足用户对可视化效果的创新需求，Power BI 的应用商店中不断更新各式各样的自定义视觉对象模板以供用户使用。在本项目中，读者需要学会根据不同的数据类型选择合适的自定义视觉对象，在应用商店完成下载，并使用下载好的视觉对象完成数据的可视化工作。

任务一　关键词选取——文本数据可视化

典型工作任务

近年来，互联网母婴用品迅速崛起，岑兮之前在母婴店打工，看到了行业发展机会，考虑到家中有亲属进行儿童鞋的制作，货源充足，因此，他准备针对婴儿学步鞋开设淘宝店铺。在经营了一段时间后，岑兮发现店铺访客数较少，于是准备尝试直通车推广。请根据已获取的关键词排名数据，并借助可视化软件，为其直通车投放的关键词给出建议。

技术知识储备

随着数据可视化技术的发展，人们不仅需要实现数据的可视化，对数据可视化的效果也有了更进一步的要求。仅通过Power BI Desktop自带的视觉对象去呈现数据，已无法满足人们的需求。因此，在呈现商务数据时，需要借助更多的自定义视觉对象进行数据的可视化。

一、选取自定义视觉对象——词云（Word Cloud）

在选取自定义视觉对象时，要考虑到任务的具体要求，选择合适的视觉对象来完成。针对上述的典型工作任务，需要对已获取数据（即关键词数据）进行整理与呈现。

关键词的提取是针对文本型数据进行的。文本型数据的特征是杂乱无章，如商品的评论、关键词设置等，可以使用自定义视觉对象——词云进行分析。

二、下载并导入自定义视觉对象Word Cloud

打开Power BI Desktop，在"可视化"窗格的可视化对象区域中，并无词云这一可视化对象，因为它并非Power BI Desktop自带的可视化对象，需要从应用商店下载，并导入Power BI Desktop方能使用。

将鼠标指针移动到可视化对象区域的末尾，停留在…图标上，将会显示"导入自定义视觉对象"；如果自定义可视化对象已提前下载到计算机中，则可以单击…按钮（见图4-1-1），选择"从文件导入"。在第一次使用时，需要通过应用商店进行下载。当单击"从AppSource导入"选项或者单击"主页"选项卡中的"来自应用商店"选项时，都会弹出"登录"对话框，提示需要注册Power BI账户（见图4-1-2）。

（一）注册Power BI账户

单击图4-1-2对话框下方的蓝色文字，登录网页（见图4-1-3），需要输入工作电子邮件地址才可以完成注册。这里需要注意的是，如果输入的是常用的QQ邮箱和163邮箱，在单击"注册"按钮后，将会弹出图4-1-4所示的文字，提示该邮箱为个人电子邮件地址，需更换为工作电子邮箱地址。

图4-1-1

图4-1-2

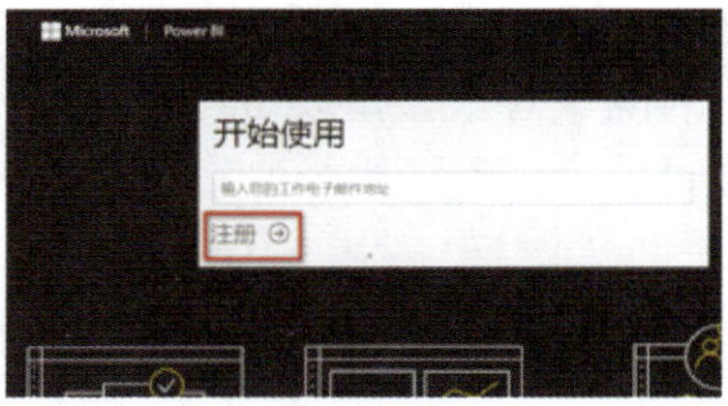

图4-1-3 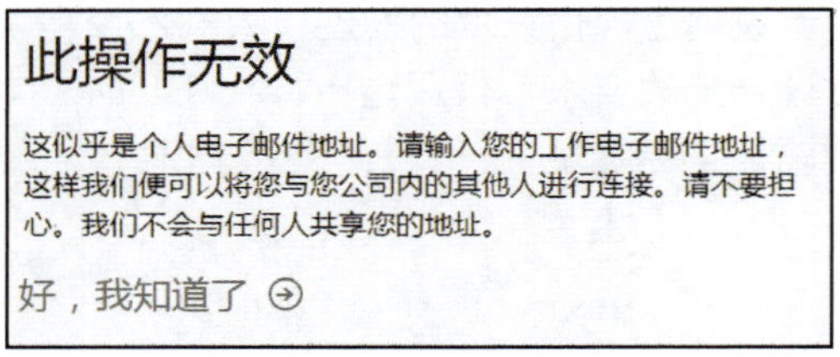　　　　　　　　　　　　　　　　　图4-1-4

　　考虑到大部分的学生仍属于未就业状态，并没有以公司后缀结尾的邮箱，此处可以借助钉钉邮箱完成注册。输入钉钉邮箱后，单击"注册"按钮，然后根据提示完成Power BI账户的注册（见图4-1-5）。

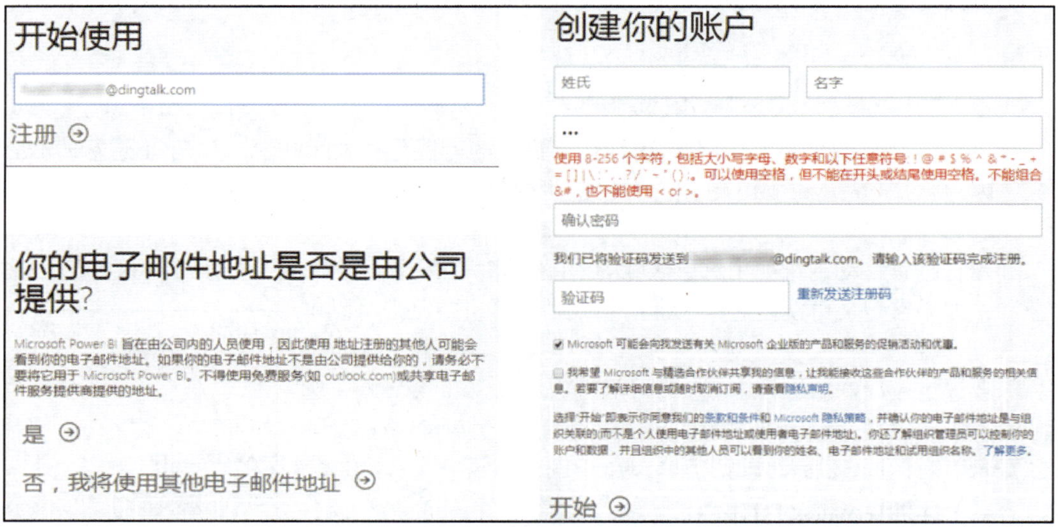

图4-1-5

（二）在Power BI Desktop中登录并进入视觉对象应用商店

　　完成注册后，返回Power BI Desktop，输入注册账户使用的电子邮箱，单击"登录"按钮，在弹出的对话框中输入密码（见图4-1-6），进入Power BI视觉对象的应用商店（见图4-1-7）。

图4-1-6

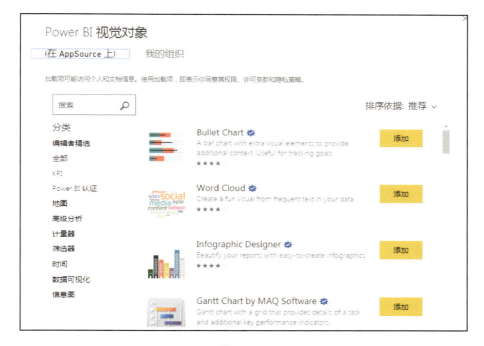

图4-1-7

（三）在应用商店搜索并导入自定义视觉对象

在搜索框中输入所需的词云对应的名称Word Cloud，单击 🔍 按钮将会在列表中出现所需的视觉对象（见图4-1-7）。单击"添加"按钮后，将会弹出"视觉对象已成功导入此报表"的提示（见图4-1-8）。单击"确定"按钮后，在"可视化"窗格中将会出现词云对应的按钮 ⬜ 。

图4-1-8

三、使用Word Cloud呈现文本数据可视化

在导入所需视觉对象后，操作与项目三中介绍的Power BI Desktop自带可视化对象的操作类似，需要通过"类别""值"等具体选项的设置，完成可视化效果的呈现。

（一）连接数据并完成数据预处理

单击"主页"选项卡中的"获取数据"按钮，在下拉菜单（见图4-1-9）中单击"Excel"命令，在弹出的对话框中选择已采集的数据：学步鞋关键词.xlsx，在"导航器"窗格中完成具体表格的选择：关键词—排名位置。单击"转换数据"按钮，进入查询编辑器，对数据进行预处理，具体的操作已在项目二介绍过了，这里就不详细展开了。

图4-1-9

（二）设置可视化对象的选项

完成数据的预处理后，返回报表视图，在"可视化"窗格中，单击词云按钮 ，报表画布中将会出现未定义的词云效果（见图4-1-10）。单击该视觉对象，"可视化"窗格将会出现可以设置的选项（见图4-1-11）。

图4-1-10

图4-1-11

考虑到本任务是需要提取文本中的内容，找寻出现频率较高的词语作为其关键词的备选，因此，在字段列表中，选择对应的文本字段"关键词"，拖入"类别"选项中（见图4-1-12）。

通过软件运行，报表画布将会呈现出使用词云可视化对象后的效果（见图4-1-13）。

图4-1-12

（三）优化可视化对象的格式

1．切换主题

首先可以优化可视化对象的主题，在"主页"选项卡中，单击"切换主题"按钮，在下拉菜单中可以更换该视觉对象的主题，如将主题由 默认 切换为 暴风雨，视觉对象整体的效果将会发生改变，改变后的效果如图4-1-14所示，其整体风格较图4-1-13中呈现的效果更素雅一些。

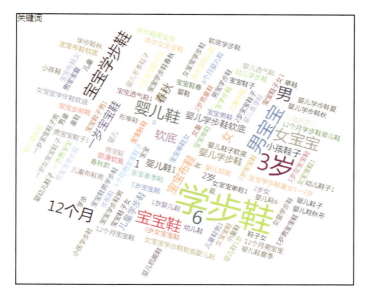

图4-1-13

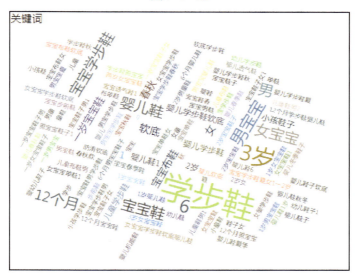

图4-1-14

2．优化格式

在"可视化"窗格的下半部，单击格式按钮 ，切换到可视化对象的格式编辑界面。

通过格式的调节，可以改变该可视化对象中数据的颜色、可视化对象的标题与背景，可以决定是否旋转文本等，同时可以为视觉对象设置边框。

图4-1-14中的可视化对象虽然已经通过主题切换，使词云的整体风格变得更加素雅，但是"学步鞋"三个字的颜色依旧十分突出，可以通过数据颜色进行更有针对性的修改，在格式中单击 数据颜色 按钮，则可以看到现有的颜色设置。值得注意的是，在数据颜色中，各词条并不一定是对应着词云中呈现的词语的，更多是根据源数据生成的，所以在更改数据颜色时，需要注意细节。

本案例中，"学步鞋"的颜色是偏绿色的（见图4-1-15），其他数据的颜色基本属于同一色系，因此通过修改该数据的颜色便可以改变可视化对象中"学步鞋"三个字颜色过于突出的问

题。单击 □▾ 按钮，将会打开调色板（见图4-1-16），通过颜色的选择完成数据颜色的修改。如果调色板中没有合适的颜色，还可以打开"自定义颜色"面板进行颜色选取。

在可视化对象词云生成时，文字排列默认是有一定的倾斜角度的（见图4-1-17），单击 ✓ 旋转文本 按钮后，可以调整倾斜的最大角、最小角和最大方向数，也可以通过关闭旋转文本，实现所有的词语横向摆放。

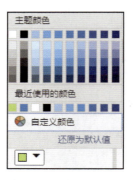

图4-1-15　　　　　　　　　　图4-1-16　　　　　　　　　　图4-1-17

单击 ^ 标题 按钮进行标题的设置，如将位于左上角的标题"关键词"改为"学步鞋关键词词云图"，字体颜色不变，背景色修改为主题颜色1，对齐方式改为居中对齐，文本大小改为24磅，字体系列改为Segoe(Bold)。

依次单击 ✓ 背景 按钮与 ✓ 边框 按钮，完成背景与边框的设置。报表画布背景默认为白色不透明，由于在数据可视化中，可视化对象已有各种颜色，因此并不建议改变背景的颜色，边框可以通过设置开关进行添加，在详细格式中，可以修改边框的颜色与半径。边框的半径默认为0，此时边框呈现矩形效果，通过调整半径，边框将会由矩形变为圆角矩形，如将边框颜色设置为黑色、半径为30。

对于可视化对象在报表中的摆放位置和大小，也可以通过在报表画布选择可视化对象后，按住鼠标左键拖动完成设置。经过格式调整后，"学步鞋关键词 词云图"最终呈现效果如图4-1-18所示。

图4-1-18

四、借助可视化效果完成电商实战分析

通过一系列的操作，文本格式的数据已经转换为词云图，但商务数据分析人员通过可视化软件完成可视化对象的呈现只是第一步，后续便是借助已完成的可视化效果解决电商实战中的具体问题。

仍以"典型工作任务"中岑兮遇到的难题为例。"学步鞋关键词 词云图"已经呈现出来了，但它仅为岑兮提供了词云图，岑兮并不清楚该设置哪些关键词。

在自定义可视化对象词云中，文字的大小是按照各词语出现的频率自动生成的。文字越大，则表示该词语在数据源中出现的频率越高。图4-1-18中，"学步鞋"是出现频率最高的词语，自然是需要放在关键词首位的。

在词云图中其他的词语中，3岁、男宝宝、宝宝学步鞋、宝宝鞋、婴儿鞋、12个月等的词语字号也较大，通过归类与整理，可以根据词语的不同范畴进行设置，如关于商品基本属性方面可以选择宝宝学步鞋、宝宝鞋、婴儿鞋。对于数字方面出现较高的是6、12个月、1岁、3岁，因此将较小尺码的鞋子给出6~12月的标签，略大的尺码给出1~3岁的标签。对于性别方面：男宝宝、女宝宝都出现了，这与买家的搜索习惯有关，因此在选取关键词时，需要将其相应地补充进关键词中。

 商务实战演练

一、使用自定义可视化效果完成词云图呈现

上述案例是仅针对文字内容的数据进行的词云图设计，在具体的实战中，还可以根据关键词对应的数值大小，在"可视化"窗格中将对应的数值拖入"值"选项中进行呈现。其具体步骤如下。

（一）连接数据并完成数据预处理

单击"主页"选项卡中的"获取数据"选项，将"学步鞋关键词.xlsx"中"类目"表加载到Power BI Desktop中，完成预处理后，单击左侧边栏的 ▦ 按钮，切换到数据视图，如图4-1-19所示。

类目	宝贝数	类目销售额	销售占比	平均销售额	均价
运动鞋	4	191116.2	0.1313	47779.05	142.7
学步/幼童鞋	33	1028781.76	0.7066	31175.2	99.23
凉鞋	1	1297.2	0.0009	1297.2	6.9
童鞋/青少年鞋	2	210078	0.1443	105039	399
婴儿步前鞋/袜鞋	4	24744.2	0.017	6186.05	22.13

图4-1-19

（二）设置可视化对象的选项框

单击"可视化"窗格中已经完成导入的词云按钮 ⓦ ，在"字段"窗格中选择"类目"字段，该字段将会默认进入"类别"，在"字段"窗格中选择"宝贝数"字段或用鼠标左键按住，将其拖入"值"选项中（见图4-1-20）。此时，词云将会以宝贝数的多少为依据，将

"类目"字段中所包含的文字进行呈现，如图4-1-21（a）所示。当选择将"平均销售额"字段作为"值"时，词云将会根据平均销售额的高低，呈现"类目"字段对应文本的情况，如图4-1-21（b）所示。

图4-1-20

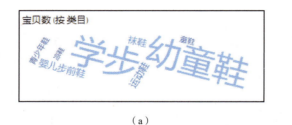

（a）

（b）

图4-1-21

（三）优化可视化对象的格式

1．切换主题

考虑到本词云图中文本较少，单一色系不易区分，因此将主题切换为 ⚙ 管理者 。

值得注意的是，当切换主题时，同一报表的不同可视化对象会同时变更为新主题。

2．优化格式

在报表画布中选中需要调节的可视化对象，单击"可视化"窗格的格式按钮 🖌，依次调节标题、旋转文本、背景、边框等，最终呈现效果如图4-1-22所示。

（a）　　　　　　　　　　（b）

图4-1-22

二、借助词云图完成电商实战任务

结合数据视图（见图4-1-19）和图4-1-22（a）所呈现的词云图综合分析得出，在采集到的源数据中，现有学步鞋的卖家中大多数将宝贝放入"学步/幼童鞋"类目下，也有少数卖家选择了婴儿步前鞋、袜鞋等类目。

然而，按照平均销售额呈现的词云图却呈现了不同的结果，如图4-1-22（b）所示，这是因为幼童鞋、婴儿步前鞋较童鞋、青少年鞋而言，均价较低，平均销售额也相对较低，所以想要在销售额层面有所提升，也可以将宝贝放入"童鞋/青少年鞋"类目下。

 # 任务二　店铺销量分析——趋势类数据可视化

 典型工作任务

岑岑在优化了关键词后，店铺发展势头较好。他想要扩大业务规模，于是准备将近14天内的销售数据做成图表，发在朋友圈，尝试争取有兴趣的朋友们对自己的店铺进行投资。但是，在设计销量数据的趋势图时，Power BI Desktop自带的折线图、分区图已经无法满足岑岑的需要。请利用应用商店中呈现趋势变化的自定义视觉对象为其制作该类图表。

技术知识储备

当想要呈现数据的趋势变化时，折线图是做趋势分析的首选。但是企业在运营的过程中，需要呈现数据变化趋势的情况非常多，如果千篇一律都使用折线图，在数据可视化的时候，就会显得单调，因此需要借助应用商店寻找更有趣、更适合的趋势呈现图表。

考虑到已获取数据为销售数据，而且该数据是时间序列数据，因此可以选择LineDot Chart（点线图）和会用数据讲故事的Pulse Chart（脉冲图）进行数据可视化。

一、LineDot Chart

（一）在应用商店下载并导入LineDot Chart

在本项目任务一中，已经对Power BI账户注册及登录进行过介绍，后续将直接默认操作进度为已在Power BI Desktop中登录账户，故本案例从应用商店搜索所需自定义可视化对象开始。

在Power BI Desktop的"主页"选项卡中，单击"来自应用商店"按钮，进入应用商店，搜索该视觉对象LineDot Chart，如图4-2-1所示，单击"添加"按钮，完成该视觉对象的导入。此时，在"可视化"窗格中将会出现对应的图标。

图4-2-1

（二）使用LineDot Chart完成数据趋势呈现

连接数据"4.2 销售数据.xlsx"，将工作表"销量"加载进Power BI Desktop，通过查询编辑器进行数据预处理。

返回报表视图，单击"可视化"窗格中的 按钮，报表画布将会出现未设置的可视化对象，"可视化"窗格下半部会同步出现该可视化对象可以设置的选项，若只是为了替代折线图的效果，则仅需要将"日期"字段和"销售量（件）"字段直接拖入"日期"和"值"选项中（见图4-2-2），即可完成默认图表的生成，此时报表画布会按照时间轴的推进开始播放数据，每一个时间节点上对应的"点"的大小正是字段所对应的数值。等播放完毕，会呈现出图4-2-3所示的效果。仔细观察图4-2-3，左上角会出现播放控件，可以调整可视化对象的播放与否，右上角会出现"功能总数14"的字样，这是在播放过程中对数据点的计数。

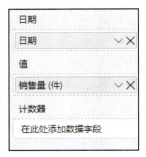

图4-2-2

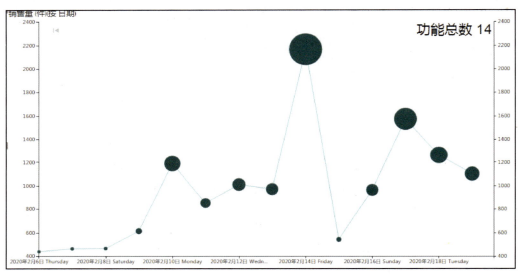

图4-2-3

（三）设置辅助字段优化显示

在图4-2-2中，仍有一个选项"计数器"空着，之前介绍的可视化对象右上角的"功能总数14"就是对播放中的数据点的计数，那这里是否可以改变计数的对象呢？例如，是否可以将销量的数值放在这里进行累加？

答案是可以的。将"销售量（件）"字段拖入"计数器"选项中，再次播放就会发现，此时"功能总数"上的数值变成了销售量的每日数据，这便是LineDot Chart在突出显示折线图上各个数据点之后，还可以进一步优化的地方。那是否可以换成该日期下的其他数据，如在播放销量变化趋势的同时，将销售额在右上角进行数值呈现呢？当然也是可以的，具体操作就不再介绍了。

（四）优化可视化对象的格式细节

将"销售量（件）"字段拖入"计数器"选项中，销量的数值开始以数值的形式呈现，但是汉字部分仍然是"功能总数"，这就需要我们对可视化对象的格式进行修改与优化。

在"可视化"窗格中，切换到格式，最先看到的两行对应"行"和"点"。单击"行"选项，在展开后，修改"填充"和"粗细"便可以改变折线的颜色和粗细；单击"点"选项，在展开后便可以修改数据点的颜色及数据点显示尺寸的最大值与最小值，当然还可以对"点"的透明度进行设置。

"X轴"和"Y轴"：通过开关可以调节是否显示两个轴。这里需要注意的是，在"Y轴"中，有一项是否需要"重复"，若选择"是"，则会在主坐标轴和次坐标轴重复显示。"计数器"：展开"计数器"便可以修改呈现在LineDot Chart右上角的具体文字和文字的颜色及大小。"动画"："动画"的开关默认为开，即在生成LineDot Chart后，点线图会自动播放，如果不需要动态呈现，便可以在此处将其关闭。"标题"与"背景"：这两个部分是常规的格式设置，可以根据需要进行调整。

通过以上步骤，便完成了使用LineDot Chart呈现趋势类数据的可视化效果。下面介绍另一种呈现趋势类数据的可视化工具Pulse Chart，也被称为会用数据讲故事的脉冲图。

二、Pulse Chart

（一）在应用商店下载并导入Pulse Chart

在Power BI Desktop的"主页"选项卡中，单击"来自应用商店"按钮，进入应用商店，搜索该视觉对象Pulse Chart，单击"添加"按钮，完成该视觉对象的导入。此时在"可视化"窗格中将会出现对应的图标 ，单击该按钮，报表画布将会出现未设置的可视化对象，"可视化"窗格中也会对应出现该视觉对象可以设置的选项。

（二）生成Pulse Chart默认图表

Pulse Chart可以设置的选项有两类，如图4-2-4所示。

第一类是直接生成简单的折线图，包括"时间戳"和"值"。

第二类是"事件标题""事件描述""事件大小"等，这些是Pulse Chart的特性，也是其被称会用数据讲故事的原因。通过这些选项框的设置，在生成的动态图表播放的过程中，图表会在各事件设置好的位置停留，并用弹窗播放具体的事件描述。下面先介绍较为简单的默认图表，即不呈现事件时的效果。

单击"主页"选项卡下的"获取数据"选项，将"4.2 销售数据.xlsx"中的工作表"销量"加载到Power BI Desktop中，通过查询编辑器进行数据预处理。

在"字段"窗格中，选择"日期"字段，按住鼠标左键将其拖入"时间戳"选项中，将"销售量（件）"字段拖入"值"选项中，通过Power BI Desktop运行，报表画布上便会生成图4-2-5所示的效果。

图4-2-4

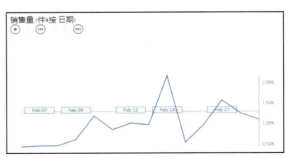

图4-2-5

观察图4-2-5生成的可视化图表，可以发现顶部是该视觉对象的标题，第二行是播放控件，分别表示"播放""暂停""第一个事件""上一个事件""下一个事件"和"最后一个事件"。此处因为并未设置具体的事件，故仅会使用到"播放"按钮。单击"播放"按钮，该可视化对象将会从第一个时间节点开始，不间断地描绘销售量的趋势变化情况，直至最后一个时间节点为止。

（三）为Pulse Chart添加"事件标题"

为了更好地让Pulse Chart利用数据讲故事，我们需要为已生成的视觉对象添加事件。例如，在本案例数据的时间序列中，2020年2月8日是元宵节，2月14日是情人节，我们便以这两个时间节点为本案例添加事件，具体实战时，需要针对店铺实际情况进行设置。

单击"主页"选项卡下的"编辑查询"选项，切换到查询编辑器，在"添加列"选项卡下单击"条件列"选项，如图4-2-6（a）所示，并输入图4-2-6（b）所示的条件，完成"标题"字段的添加。

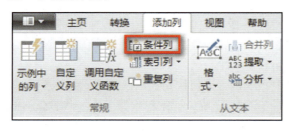

（a）

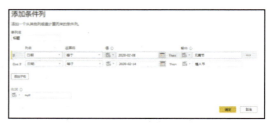

（b）

图4-2-6

返回报表视图，选择"标题"字段，按住鼠标左键将其拖入"事件标题"中，观察可视化对象的变化，可以发现在2月8日和2月14日的位置上出现了灰色的小圆点，此时单击"播放"按钮，折线图在描绘的过程中便会在这两个时间节点上停留，并弹出备注框，显示出具体的事件描述，如图4-2-7所示。

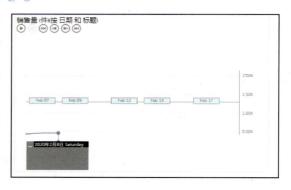

图4-2-7

虽然在查询编辑器中编辑数据时，对2月8日是设置了"元宵节"字样的，但是由于在默认的效果中，优先选择了显示事件发生的时间，同时，因为日期前方的■位置正是事件标题的位置，所以在弹窗中并未看到"元宵节"这几个字。

（四）为Pulse Chart添加"事件描述"

完成上述操作后，事件弹窗仅显示了事件的标题，有时它还会被事件的时间所遮挡，因此如果想让该功能更好地呈现，需要添加"事件描述"。单击"主页"选项卡下的"编辑查询"选项，切换到查询编辑器，为2月8日添加描述"正月十五元宵节"，在未设置事件标题的2月18日添加事件描述"仅有事件描述"，同时不为2月14日添加事件描述，以便形成对比。返回报表视图，选择"描述"字段，按住鼠标左键将其拖入"事件描述"选项中，观察可视化对象的变化。

在2月8日原弹窗中出现了设置好的事件描述；而在有事件标题的2月14日的弹窗中，事件描述显示为"Blank"；而对于未设置事件标题的2月18日，对应的位置上也出现了灰色的小圆点，播放时，折线会在2月18日处停留，并弹出设置好的事件描述，如图4-2-8所示。可见，只要设置了事件标题或事件描述中的一个或两个，都将会在可视化对象中产生事件的标志。

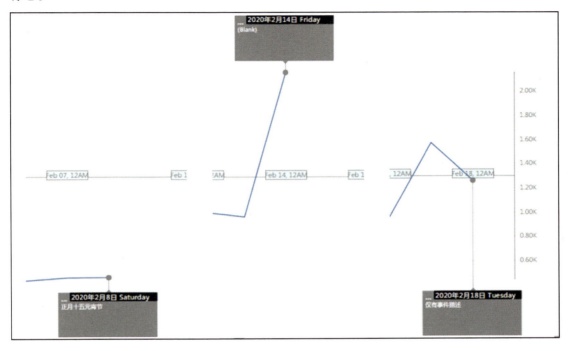

图4-2-8

（五）为Pulse Chart添加"事件大小"

在报表视图下，选择"销售量（件）"字段，按住鼠标左键将其拖入"事件大小"选项中，观察可视化对象的变化，如图4-2-9所示，原事件对应的灰色小圆点的大小发生了改变，而三个小圆点对应的大小比例与拖入"事件大小"中的该日期的销售量相关，这是因为"事件大小"表示事件发生的重要程度，会以小圆点的大小反映出"事件大小"中字段值的大小。

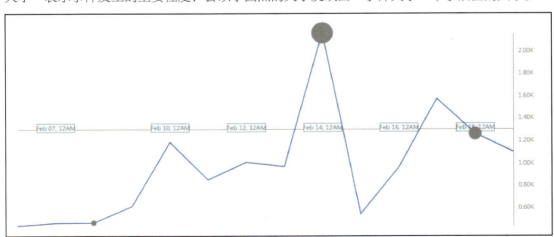

图4-2-9

（六）优化自定义视觉对象格式

对于标题、背景、边框等常规设置，之前已经在其他自定义视觉对象中进行过介绍，这里就不赘述了。下面仅针对Pulse Chart的特殊格式设置进行介绍。

单击"可视化"窗格的 按钮，切换到格式设置界面（见图4-2-10）。"系列""点"和"弹出"分别是针对线条颜色、事件点的颜色及大小、弹窗的大小及颜色进行设置的。需要注意的是，在"弹出"区域中，通过设置"时间颜色"和"时间填充"将会改变弹窗中时间的显示效果。另外，显示时间和显示标题可以同时开启，但此时标题一般会被事件遮挡。如果需要特别突出事件的标题，可以关闭"显示时间"的开关。单击"播放"按钮，在展开的区域中，可以根据是否需要自动播放以及是否需要重复播放进行调节，播放的速度及暂停时间、延迟情况以及按钮颜色也可以根据需要进行个性化设置。

图4-2-10

以上便完成了使用Pulse Chart动态呈现趋势类数据的效果。在岑兮的案例中，他便可以对播放状态下的Pulse Chart进行录制，然后制作成小视频，放到朋友圈进行展示，这将会比简单的折线图更能吸引投资者的关注，为店铺融资打下更好的基础。

 商务实战演练

在进行商务数据分析时，有非常多的数据属于趋势类数据，因此会有很多数据分析者遇到岑兮面临的问题。在制作趋势类数据的可视化效果时，只用单一的可视化效果无法突出显示想要呈现给决策者的重要数据，但是切记不可在同一张报表中使用太多种类的可视化效果，否则会显得混乱，也无法为决策者在决策时提供较好的助力。

下面，我们将结合任务二介绍的两种呈现趋势类数据的自定义可视化对象，完成店铺访客数、收藏人数、加购人数的可视化效果制作。

一、根据不同指标选择合适的可视化对象

（一）使用Pulse Chart呈现访客数

考虑到店铺访客数、收藏人数、加购人数三个指标中，访客数将会影响到最终的销售额，是店家比较关注的数据，拟选用脉冲图对此数据进行呈现。同时，可以根据是否开展推广活动进行事件弹窗的设计，即设置事件标题、事件描述、事件大小等，完善脉冲图的显示效果。

（二）使用LineDot Chart呈现收藏人数和加购人数

针对收藏人数和加购人数，可以使用点线图，将其与访客数的脉冲图放在一起用来对近期的店铺访问、收藏、加购情况进行动态呈现，为店铺运营决策提供参考。

但是，我们并不需要将收藏人数和加购人数都做成点线图，可以考虑将加购人数设为点线图，作为主要呈现数据；将收藏人数设为计数器，在右上角进行播放。

二、使用自定义视觉对象完成趋势类数据可视化

（一）获取数据并完成数据预处理

单击"主页"选项卡下的"获取数据"选项，将"4.2实战演练.xlsx"中的工作表"访客数据"加载到Power BI Desktop中，通过查询编辑器进行数据预处理。

（二）生成默认状态下的Pulse Chart和LineDot Chart

1．Pulse Chart——访客数

在"字段"窗格中选择"日期""访客数""事件标题""事件描述"字段，分别拖入"时间戳""值"等对应位置（见图4-2-11），再次选择"访客数"字段拖入"事件大小"选项中。

2．LineDot Chart——收藏人数与加购人数

在"字段"窗格中选择"日期""加购人数""收藏人数"字段，分别拖入"日期""值""计数器"选项中，如图4-2-12所示。

图4-2-11　　　　　　　　　　　　图4-2-12

（三）优化自定义视觉对象格式

在点线图的计数器中，将功能总数修改为收藏人数，修改文字大小及颜色。根据需要，调整两个可视化对象的标题、曲线等，注意两个可视化对象在同一个画布呈现，需要使标题文字的大小、字体等保持一致。其最终呈现效果如图4-2-13所示。

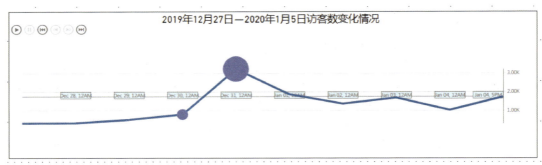

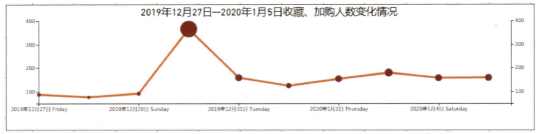

图4-2-13

 任务三 流量来源分析——对比类数据可视化

 典型工作任务

众所周知，对于销售行业的店家来说，无论是实体店还是线上店铺，都需要先将顾客引流进店铺，才能够进一步从展现转化为成交，获得更多的营收。岑兮为了吸引更多的顾客，在年终进行了活动推广，现准备对店铺近一个月的流量来源进行分析，明确流量结构，为后期的推广营销决策提供参考。

技术知识储备

考虑到流量来源分析主要是关于付费流量与免费流量的结构对比分析，故采集店铺各流量来源的成交订单数和成交转化率作为分析指标，使用能够反映数据对比效果的阿斯特图、雷达图和桑基图进行呈现，下面将逐一进行介绍。

一、Aster Plot（阿斯特图）

（一）下载并导入Aster Plot

在Power BI Desktop "主页"选项卡中，单击"来自应用商店"按钮，进入应用商店，搜索该视觉对象Aster Plot，如图4-3-1所示，单击"添加"按钮，完成该视觉对象的导入。此时，在"可视化"窗格中将会出现对应的图标 🌀。

图4-3-1

（二）使用Aster Plot完成对比类数据呈现

连接数据"4.3 流量数据.xlsx"，将工作表"流量结构"中的数据加载到Power BI Desktop中，通过查询编辑器进行数据预处理。返回报表视图，单击"可视化"窗格中Aster Plot对应的按钮，报表画布将会出现灰色未设置的可视化对象。

在将字段拖入"可视化"窗格中的选项之前，先观察Aster Plot可以设置的选项，考虑清楚应该怎样进行设置，再进行相应的操作。

阿斯特图在制作时比较简单，只需要设置"类别""Y轴"两个选项。例如，此案例中的"来源明细"可以放入"类别"选项中，而"成交订单数"则相应地填充进"Y轴"中。通过Power BI Desktop的运行，报表画布将会显示默认的阿斯特图的效果，如图4-3-2所示。

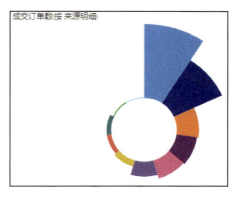

（三）优化可视化对象的格式细节

在图4-3-2中，默认生成的视觉对象中缺少图例，标题是以字段命名的，需要在格式中进一步优化。

在"可视化"窗格中，切换到格式，首先是"图例"，可以设置图例是否打开以及图例的显示位置，

图4-3-2

如图4-3-3所示。需要注意的是，这里出现了标题是否打开的开关，它针对的并不是视觉对象的标题，而是图例的标题，即在图例显示的时候是否有"来源明细"这四个字。

其次是"居中标签"，也就是数据呈现的是哪类数据。当选择打开居中标签时，阿斯特图的正中就会显示"来源明细"四个字（见图4-3-4）。图例的标题和居中标签一般选一个打开即可，如果选择两个地方都显示，也是可以的，但是要注意居中标签显示的文字无法修改，会根据字段直接生成，而图例的标题文字是可以自己定义的。

再次是"详细信息"，在常规显示结构占比的饼状图中，为了更好地显示占比的具体值，一般都会设置数值的标签。在阿斯特图中，打开详细信息的开关，便会显示出每一个面积所代表的具体值的大小。

最后需要提及"外部线"，为了更好地突出数值的对比效果，一般情况下是不显示外部线的，但是这样生成的视觉对象会有一点重心偏移的感觉，想要追求视觉对象平衡感的读者，可以将外部线打开。此时，阿斯特图的效果如图4-3-5所示。

图4-3-3

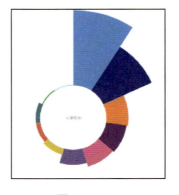

图4-3-4

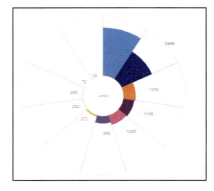

图4-3-5

对于阿斯特图的颜色、标题、背景、边框等常规设置将不进行详细介绍，在进行数据可视

化的时候，可以根据需要对其进行自定义设置，最终生成的可视化视觉对象如图4-3-6所示。

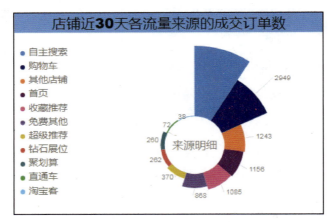

图4-3-6

二、Radar Chart（雷达图）

在Excel插入图表时是有雷达图可供选择的，但是Power BI Desktop中并没有自带雷达图，因此，需要我们从应用商店下载并导入。

（一）下载并导入Radar Chart

在Power BI Desktop的"主页"选项卡中，单击"来自应用商店"按钮，进入应用商店，搜索该视觉对象Radar Chart，如图4-3-7所示，单击"添加"按钮，完成该视觉对象的导入。此时，在"可视化"窗格中将会出现对应的图标 ⬢ 。

图4-3-7

（二）使用Radar Chart完成对比类数据呈现

"4.3流量数据.xlsx"中"流量结构"中的数据已经加载到Power BI Desktop中，不需要再次连接数据。单击"可视化"窗格中Radar Chart对应的按钮，报表画布将会出现灰色未设置的可视化对象。观察"可视化"窗格底部的各选项，可以发现雷达图的选项与阿斯特图一致，只有"类别"和"Y轴"，因此与阿斯特图一样，只需要将"来源明细"放入"类别"选项中，将"成交订单数"填充进"Y轴"选项中。通过Power BI Desktop的运行，报表画布将会显示默认的雷达图，如图4-3-8所示。

（三）优化可视化对象的格式细节

在雷达图的格式设置中，基本上都是常规设置，需要注意的两个地方分别是"绘制线条"和"显示设置"。

"绘制线条"：如果打开"绘制线条"的开关，雷达图将会由图4-3-8的面积效果转换为线条效果，线条的颜色与面积的颜色一样，都可在"数据颜色"下进行修改。

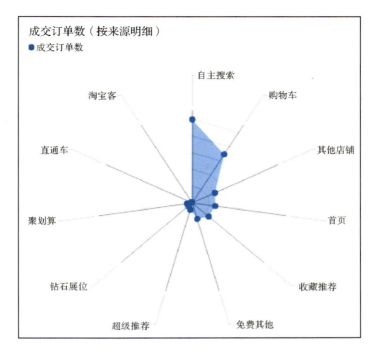

图4-3-8

"显示设置"：显示设置中可以改变轴的方向，可以由北转换为南，但是人们阅读图像的习惯多为轴向为北方，不建议在这里做不同的设置。如果是基于报表页面布局的考量，也可以根据需要酌情调整。

三、Sankey Chart（桑基图）

桑基图通常用来呈现流向型的数据，在本案例中，也可以用它来对各流量的结构进行对比分析。我们仍然以常规的三个步骤完成桑基图的制作介绍。

（一）下载并导入Sankey Chart

在Power BI Desktop "主页"选项卡中，单击"来自应用商店"按钮，进入应用商店，搜索该视觉对象Sankey Chart，如图4-3-9所示，单击"添加"按钮，完成该视觉对象的导入。此时，在"可视化"窗格中将会出现对应的图标 。

图4-3-9

（二）使用Sankey Chart完成对比类数据呈现

制作桑基图时，我们仍然使用"4.3 流量数据.xlsx"中"流量结构"中的流量来源明细和成交订单数作为分析的数据源，单击"可视化"窗格中对应的按钮，报表画布将会出现灰色未设置的可视化对象。

观察"可视化"窗格底部的各个选项，桑基图的选项涉及五个需要填充的选项，如图4-3-10所示，基本上属于三类，第一个是"源"，第二个是"目标"，观察桑基图的图标可以看出，桑基图呈现的效果为数据由源流向目标，而线条的粗细便是第三个数据源——"称重"。

在"字段"窗格将"流量来源"字段拖入"源"和"源标签"选项中，将"来源明细"字段拖入"目标"和"目标标签"选项中，将"成交订单数"字段拖入"称重"选项中。通过Power BI Desktop的运行，报表画布将会显示默认的桑基图，如图4-3-11所示。

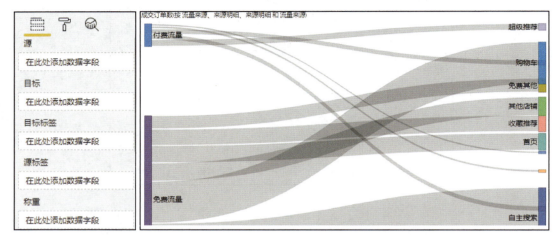

图4-3-10　　　　　　　　　　　　　　　图4-3-11

（三）优化可视化对象的格式细节

观察图4-3-11，可以发现这里默认生成的桑基图很清楚地呈现出付费流量和免费流量的占比情况，同时线条的流向也以对比强烈的粗细效果呈现出来，为运营人员的决策提供了数据支持，但是美观程度与我们的预期存在一定的差距，因此，为了更好地呈现数据，需要稍微对其进行处理。保留图4-3-11中的绝对数值，再绘制一张相对数值的桑基图，在格式的缩放设置中，打开"启用对数刻度"（见图4-3-12），将数据的巨大差异进行缓冲。

如果认为数据流向的线条颜色只有灰色，对比性不强，可以在格式的连接中对每一条线进行颜色的修改。将付费流量各数据流线修改成对应的颜色，同时对标题、背景、边框等常规属性进行设置后，生成"店铺近30天各流量来源的成交订单数"桑基图，如图4-3-13所示。

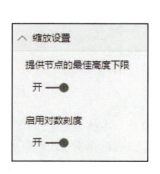

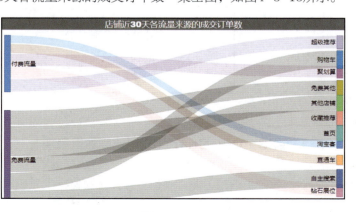

图4-3-12　　　　　　　　　　　　　　　图4-3-13

商务实战演练

下面，我们将结合三种呈现对比类数据的自定义可视化对象，完成以成交转化率进行对比的流量来源结构分析。

一、生成默认状态下的Aster Plot、Radar Chart和Sankey Chart

（一）连接数据并完成数据预处理

使用"4.3流量数据.xlsx"中"流量结构"中的流量来源明细和成交转化率作为分析的数据源，单击"可视化"窗格中对应的三种按钮，报表画布将会出现三个未设置的可视化对象。

（二）将字段填充进选项框

1．Aster Plot

在"字段"窗格中选择"来源明细""成交转化率"字段，拖入"类别""Y轴"等对应位置，如图4-3-14（a）所示。

2．Radar Chart

在"字段"窗格中选择"来源明细""成交转化率"，拖入"类别""Y轴"等对应位置，如图4-3-14（b）所示。

3．Sankey Chart

在"字段"窗格中选择"流量来源"填充进"源"和"源标签"选项中，将"来源明细"填充进"目标"和"目标标签"选项中，将"成交转化率"拖入"称重"选项中，如图4-3-14（c）所示。

（a）　　　　　　　　（b）　　　　　　　　（c）

图4-3-14

二、优化自定义视觉对象格式

在"可视化"窗格中，切换到格式选项卡，分别对三个可视化视觉对象的格式进行修改与优化，如常规的标题、背景、边框，以及每个视觉对象中存在的线条颜色。需要注意的是，Aster Plot需要调整"居中标签"和"详细信息"，以便完成格式的设置，最终呈现效果如图4-3-15所示。

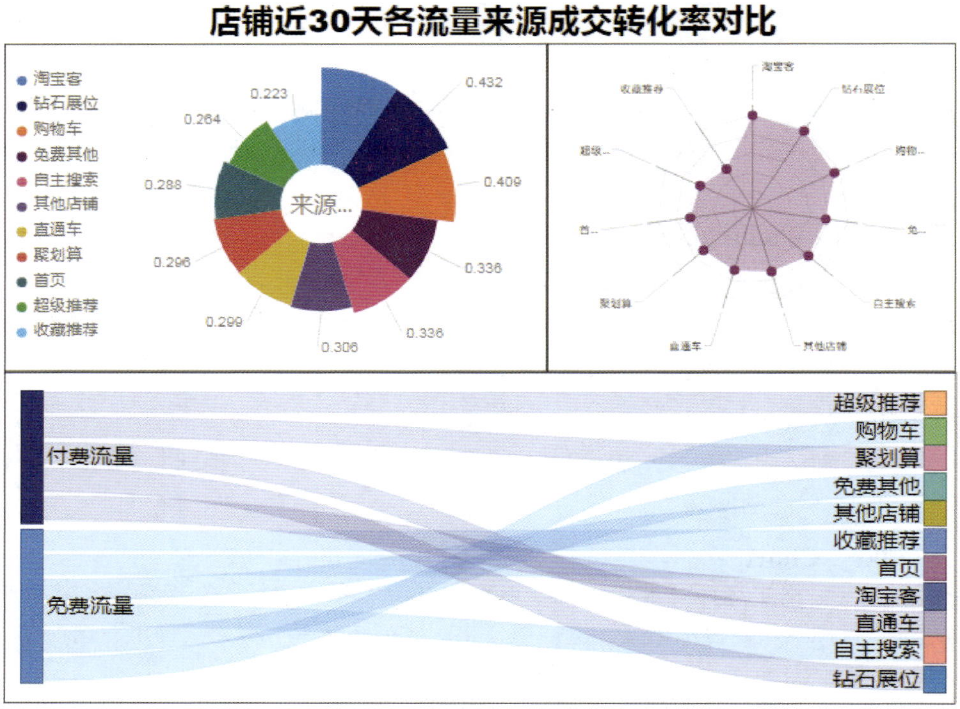

图4-3-15

任务四　商品货源分析——分布类可视化效果

 典型工作任务

岑兮发现店铺中婴儿学步鞋的销量持续上升，为了拓展店铺覆盖的产品类别，岑兮准备将婴儿玩具作为备选。他通过前期调研发现，学步期儿童的家长一般会同时购买婴儿游戏围栏，帮助孩子更安全地学习走路，因此他准备对1688网站上婴儿游戏围栏的货源进行分析。

 技术知识储备

考虑到对货源进行分析时，首先要观察两个数据，一是商品的价格，岑兮要了解各供货商该类商品的价格分布情况；二是供货商该类商品的销售量或者销售金额情况。基于这种情况，岑兮在1688网站上采集了婴儿游戏围栏的价格、商品的店铺名称、该类商品的成交金额、顾客回头率等数据，进行货源的价格分布分析。

一、自定义视觉对象选取——Histogram Chart（直方图）

对于货源的价格分布分析，可以使用直方图呈现不同货源的价格分布区间。

直方图在Excel中是比较常用的，我们可以通过它比较直观地看出数据的分布状态，将其画成以组距为底边、以频数为高度的一系列连接起来的矩形图。但是在Power BI Desktop中，软件并没有自带直方图的可视化对象，需要我们导入对应的自定义可视化效果。

二、下载并导入Histogram Chart

在Power BI Desktop的"主页"选项卡中，单击"来自应用商店"按钮，进入应用商店，搜索该视觉对象Histogram Chart，如图4-4-1所示。单击"添加"按钮，完成该视觉对象的导入。此时，在"可视化"窗格中将会出现对应的图标 。

Histogram Chart
Visualizes the distribution of data over a continuous interval or certain time period
★★★

图4-4-1

三、使用Histogram Chart完成分布类可视化效果

（一）获取数据并完成数据预处理

在Power BI Desktop的"主页"选项卡中，单击"获取数据"按钮，将"4.4 货源信息.xlsx"中的"婴儿游戏围栏"工作表加载进Power BI Desktop，在查询编辑器中进行数据预处理。

在数据处理中，首先删除空值，然后进行数据的转换。如"回头率"字段中含有文字和符号%，使用"替换值"可以进行修改；使用同样的方法将"成交金额"中的"成交"和"元"替换掉。注意：在每次替换文本时，需要将列的数据类型进行相应调整。

由于该类数据是从1688网站中采集得到的，各店铺的金额存在单位差异，有万元和元两种单位，需要在替换之后使用公式进行计算，如在本案例中，可以新建条件列为"单位转换"，如图4-4-2所示。

添加条件列					
添加一个从其他列或值计算而来的条件列。					
新列名					
单位转换					
	列名	运算符	值 ⓘ		输出 ⓘ
If	成交金额	包含	ABC/123 万元	Then	ABC/123 10000
Else If	成交金额	包含	ABC/123 元	Then	ABC/123 1 ···

图4-4-2

复制"成交金额"列为"金额"，将"金额"中的文字转换后，与"单位转换"列进行计算，获得最终将使用在报表中的"成交额"（见图4-4-3）。单击"关闭并应用"按钮完成数据的处理。

图4-4-3

由于处理成交金额中的数据时产生了较多的辅助列，为了防止在报表视图制作中产生混淆，可以在数据视图中将计算过程中的辅助列进行隐藏。

（二）使用Histogram Chart生成默认图表

返回报表视图，单击"可视化"窗格，将会出现对应的图标 📊 ，报表画布将会出现灰色未设置的可视化对象。将"字段"窗格中的"价格"字段拖入"可视化"窗格底部直方图可以被设置的选项"值"中，报表画布则自动生成关于婴儿游戏围栏的价格分布区间的直方图（见图4-4-4）。

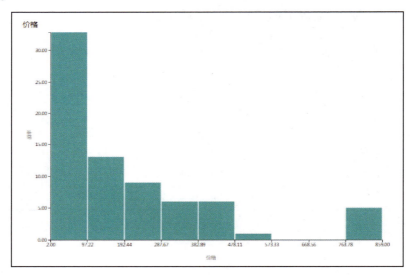

图4-4-4

（三）优化可视化对象的格式细节

在"可视化"窗格中，切换到格式选项卡，首先是"常规"，展开后，设置"箱"中的数值，也就是对数据的分组数进行设置，如在"箱"中填写数字5，直方图将分成5个区间进行显示。

"X轴""Y轴""数据标签""标题""背景"等均为常规操作，此处不再一一介绍。通过修改各项指标优化可视化对象的格式后，婴儿游戏围栏的价格分布直方图如图4-4-5所示。

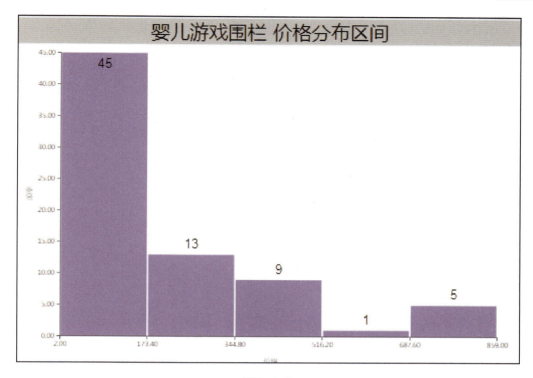

图4-4-5

 商务实战演练

一、自定义视觉对象选取——Impact Bubble Chart（冲击气泡图）

直方图可以较好地呈现婴儿游戏围栏的价格分布区间，但是在选择货源的时候，不能仅根据价格的分布判断应在哪一家进行采购，货源的选择需要根据商品的成交金额、顾客回头率等数据进行综合考虑。因此，需要构建三维数据进行数据的呈现。

结合以上分析，拟选择Impact Bubble Chart作为本案例的可视化视觉对象，其中，*X*轴显示价格，*Y*轴显示成交额，气泡的大小显示回头率的高低。

二、下载并导入Impact Bubble Chart

在Power BI Desktop的"主页"选项卡中，单击"来自应用商店"按钮，进入应用商店，搜索该视觉对象Impact Bubble Chart，如图4-4-6所示，单击"添加"按钮，完成该视觉对象的导入。此时，在"可视化"窗格中将会出现对应的图标。

图4-4-6

三、使用Impact Bubble Chart完成分布类的可视化效果

（一）使用Impact Bubble Chart生成默认图表

在报表视图中，单击"可视化"窗格，将会出现对应的图标 ，报表画布将会出现灰色未设置的可视化对象。在"字段"窗格中选择"标题""价格""成交额""回头率"字段，分别拖入"可视化"窗格的"Name""X-Axis""Y-Axis""Size"中（见图4-4-7）。

此时，报表视图将会呈现出默认状态下的冲击气泡图（见图4-4-8）。

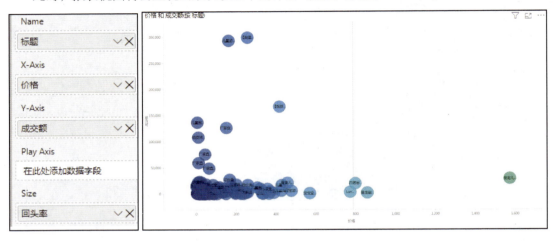

图4-4-7   图4-4-8

（二）设置辅助字段优化显示

在图4-4-7中，选项"Play Axis"仍然空着，该选项为控件，本案例为单日采集的数据，如需要对比7天或者14天中数据的变动情况，可以将日期作为字段放入该选项框中，届时报表视图将会显示为可播放状态，目前并未设置播放控件字段，所以图4-4-8所示的冲击气泡图与Excel中的气泡图较为相似。

"可视化"窗格还有选项"Left Bar"和"Right Bar"可以进行填充，如将字段"店铺名称"填充进选项"Right Bar"中，则可以同步对比四维数据；当然还可以对"Left Bar"进行设置。所以，Impact Bubble Chart比较适合将多维数据进行对比，以分布状态的气泡呈现出来，辅助决策。

（三）优化可视化对象的格式细节

在"可视化"窗格中，切换到格式选项卡，对"标题""背景""边框"等进行设置，需要注意的是，"Data Colors"中并非设置某一字段对应的数据颜色，而是对分布在冲击气泡图的区域位置进行设置，如左侧、中部和右侧，将对应不同的颜色。"X-Axis""Y-Axis"可以设置两个轴所呈现数据的起止节点。

通过修改各项指标、优化可视化对象的格式后，最终呈现效果如图4-4-9所示。

（四）数据分析——货源选择

在选择货源时，可以选择价格相对偏低、销售金额相对较高、顾客回头率较高的商品作为采购备选，即在靠近Y轴、远离X轴、气泡较大的数据点中选出合适的商品作为货源备选，如图4-4-10所示，将①②③④四款商品作为货源备选。具体选择四种中的哪一种，还需要涉及与店家沟通时的细节方可决定。

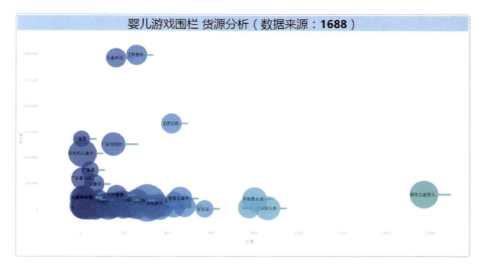

图4-4-9

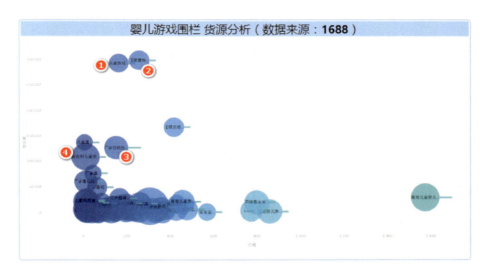

图4-4-10

📈 项目小结

通过本项目的学习，读者应重点掌握以下知识。

（1）能够完成Power BI账户注册。

（2）能够在Power BI Desktop中登录并进入视觉对象应用商店下载各种自定义可视化对象。

（3）能够掌握词云图的制作方法，创建文字类可视化效果。

（4）能够掌握点线图和脉冲图的制作方法，创建趋势类可视化效果。

（5）能够掌握阿斯特图、雷达图和桑基图的制作方法，创建对比类可视化效果。

（6）能够使用标题、背景、边框等格式工具，优化可视化效果的显示细节设置。

项目五 生成运营分析报告——设计可视化报表

职业能力目标

　　通过获取数据进行数据的连接、借助查询编辑器实现数据清洗与整理是完成数据可视化的数据准备。利用内置可视化视觉对象和自定义可视化视觉对象将数据进行图表化呈现是完成数据可视化的基本工作。商务数据分析报告是由多个部分组合而成的，并非仅有数据的图表化，而是需要借助不同模块进行报表设计与构建才能更好地呈现。本项目以店铺运营分析报告为例，从报表的设计思路及原则、添加视觉对象、钻取与分组三个方面进行介绍，阐述可视化报表的制作流程。

任务一　筹备阶段——报表的设计思路及原则

典型工作任务

晓安是岑兮店铺后台的运营人员，每周都需要将数据整理出来，将其编写成运营分析报告交给岑兮。由于每周报告的体例相似，只需不断更新数据。晓安希望能够借助Power BI的数据同步功能，每周仅需要更新原始数据，使图表能够在报表中直接通过数据同步变成最新数据，这样不仅可以节省时间，还可以让晓安通过切片器筛选将最新数据与历史数据进行对比。因此，晓安需要根据近14天店铺的后台运营数据，设计一份店铺流量分析报告。

技术知识储备

在本案例中，晓安最终需要呈现一份店铺流量分析报告。通过对Power BI的功能判断，本案例可以使用报表完成该任务。那么，什么是报表呢？

一、报表的基本概念及功能

Power BI Desktop中有三种不同的视图：报表视图、数据视图、关系视图。在报表视图中，通过"可视化"窗格中的各种视觉对象可以生成不同的可视化效果，但是各可视化效果都是独立的，仅仅是一张完整的报表中的一个模块。

报表是指一页或者多页可视化效果的集合，它以单个数据集为基础，创建可视化对象，通过不同的可视化对象呈现数据，辅以不同的分析统计，最终帮助报表阅读者更清晰地观察数据背后的规律，以便其更好地进行决策。

值得注意的是，报表并不只是可视化图表的汇总，每一个可视化对象都是动态呈现的，各个可视化对象通过数据之间的连接会产生实时的交互。在报表中可以进行添加新的报表页、复制原报表页、删除报表页等操作，也可以在单独的报表页中进行可视化对象的修改、剪切、复制、删除等操作，当然也可以添加切片器和应用筛选器。

二、制作报表的思路

想要生成一张合适的报表，前期准备是很必要的。如果将报表看成一本书，那么不同页面之间的关联，以及每一页放置什么内容是需要设计清楚的。例如，本案例中的流量分析报告，类似于单页面的报表，需要考虑在该页面放置哪些可视化视觉对象以呈现具体数据，这些视觉对象以何种形式出现，同时要兼顾文本框、图片、形状等简单对象的布局，最后还要考虑各个对象间的位置、关系等。

（一）新建报表页

想要创建一份完整的报表，首先是创建一个空白报表页。

双击桌面上Power BI的图标便会进入Power BI Desktop的主界面，默认状态会显示报表视图，而此时的报表画布已有一张空白报表页。在报表视图底部将会看到"第1页"的字样，如图5-1-1所示。

（二）重命名报表页

考虑到本报表页将要呈现的是店铺流量分析数据，可以将该报表页重命名。有两种方法可以实现报表页的重命名：一是双击"第1页"字样，文字便会呈现出编辑状态，输入"流量分析"便可实现报表页的重命名；二是用鼠标右键单击"第1页"字样，在弹出的快捷菜单中单击"重命名页"选项，如图5-1-2所示，文字也会呈现出编辑状态，输入"流量分析"，便可实现报表页的重命名。

图5-1-1   图5-1-2

（三）报表页设计步骤

1．拟定报表布局框架

在一个具体的报表页面中，一般包括报表的标题、店铺的Logo、呈现数据的视觉对象，有时还会包括用来标注以提醒报表阅读者注意的形状等。在创建报表时，设计者需要初步勾画出最终报表的布局样式，然后逐步进行构建。

2．简单对象设计

报表页中的简单对象一般是指文本框、图像、形状、按钮等。

文本框一般用来显示文字，可以用于标题的显示与标注文字的显示等；同时可以在文本框中合适的位置添加店铺的Logo等图片进行补充。当需要特别标注时，还可以选择圆形、矩形、箭头等形状进行填充。

3．可视化对象设计

报表页的正中一般都是可视化视觉对象，通过针对数据特征选择适合的可视化对象呈现出来，这里是报表的核心，需要慎重考虑各可视化视觉对象的选择，在呈现时也要考虑到各部分的布局与色彩搭配。

4．各元素格式优化

最终呈现的报表将是一个整体，在构建布局时，是对一个个元素进行搭建的，但是最终需要整齐划一，如数据标签的大小要相对统一，数据的颜色尽可能设置为一个色系，不要选择过多的色彩，以防让报表阅读者眼花缭乱，丧失了数据可视化的意义。

5．筛选器与切片器的使用

很多情况下，数据来源于多个日期。报表中并不需要完整呈现所有数据，此时需要对数据进行筛选。例如，本案例的晓安在后续的报表中，需要根据每周的数据进行筛选，此时便需要在报表页中添加筛选器和切片器。需要特别注意，筛选器的类型有三种：视觉对象级别、页面级别、报告级别。在具体选择时，可以进行合理设置。

三、设计报表应遵循的原则

（一）元素布局位置选择

报表在布局时将会体现出设计者的意图，与PPT中不同元素出现的方式和顺序一样，报表页中各元素的摆放位置也会影响报表阅读者对报表的解读。一般情况下，重要的数据及信息会放在人们第一眼就会看到的地方，由于大多数人的阅读习惯是从左往右、从上往下的，因此在设计时，一般会将最重要的元素放在报表的左上角。

（二）元素风格整齐划一

在设计报表时，报表中的元素会存在默认状态大小不一、位置混乱的情况，在最终优化格式的时候，需要将各个元素尽可能地整齐划一，如给多个视觉对象添加边框时，可以选择相同的颜色和相同的粗细。另外，可以根据元素是横向还是纵向的，进行合理规划，尽可能让各元素对齐，提升报表的视觉效果。这一点可以在"视图"选项卡中进行优化（见图5-1-3）。例如，可以选中"显示网格线"和"将对象与网格对齐"等操作控制页面中不同元素的位置，使页面整体布局更美观。

图5-1-3

（三）手机布局适当删减

如果该报表会由移动端发布给报表阅读者，则需要切换到手机布局进行具体的位置摆放。在进行手机视图布局的时候，有些桌面设备布局中的元素将会适当删减，如图5-1-4所示，原先用来标注的圆形将会删除；如果实在必须标注，可以增加文本框进行文字说明。

图5-1-4

商务实战演练

在任务一的实战演练中，我们将针对晓安的案例进行报表页框架的设计，具体的简单对象和可视化对象格式优化等在后续项目进行介绍。

一、整体布局

考虑到在本案例中，晓安需要创建的是一份店铺流量分析报表，将以桌面版的形式进行分享，因此在报表的设计中，顶部以标题和Logo为主，中部为可视化视觉对象，同时加上些许形状作为标注，起到引导浏览与提示的作用。

二、简单对象选取

在简单对象的选取时，分别选择文本框、图像、形状对报表进行填充。

标题行：将创建的文本框放置在报表页的顶端，用来显示报表的标题。

Logo：在标题行添加店铺Logo，此处不方便涉及具体店铺，故使用Power BI的图标进行代替。

标注：对于转化较低的流量渠道需要特别标注进行提醒，选择使用红色圆圈进行提示。

三、可视化视觉对象选取

在报表画布正中，选择以访客数、收藏人数和加购人数呈现店铺流量的整体情况，分别以脉冲图和簇状柱形图呈现。对于具体的流量来源对应的成交转化率和成交订单数，则考虑用阿斯特图和瀑布图进行呈现。

同时考虑到报表页面多为横版，可以将四个可视化对象分上下两行布局，第一行呈现访客数等人数变化情况，第二行显示成交订单数和转化率情况，如图5-1-5所示。

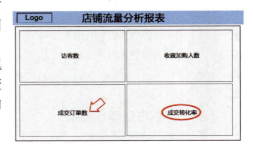

图5-1-5

四、筛选器和切片器

由于晓安需要呈现的是周报表，可以在页面中添加切片器，以日期为切片器的字段，对页面中的各视觉对象进行筛选。

任务二　搭建阶段——添加视觉对象

典型工作任务

晓安回忆起曾经见过的能呈现数据可视化效果的数字屏，它通过可视化对象的制作能把店铺的数据动态呈现出来，但店铺名称和标注样式需要多种元素搭建，因此，还需要进一步思考报表页面的元素和对应的制作方法。

技术知识储备

Power BI报表视觉对象可以分为三类。第一类是文本框、图像、形状等简单对象。第二类是自带的可视化视觉对象和自定义视觉对象。通过各类视觉对象将数据进行可视化生成图表，加上简单对象的说明与标注，构成报表的基本框架。必要的时候可以添加第三类——筛选器和切片器，以辅助报表的呈现。

一、添加简单对象

（一）插入文本框

报表页的主体是可视化的视觉对象，但是如果仅用视觉对象呈现数据，没有文字说明，仅根据图像的变化趋势进行判断，会给报表阅读者在阅读报表时增加难度，因此，在设计报表时应适当地添加文本对分析结果进行简单说明。同时，文本框还可以用来制作报表的标题，让报表更完整。其操作步骤如下。

在"主页"选项卡中，单击"文本框"按钮，报表画布中将会呈现出默认的文本框样式。与此同时，会在文本框上方出现文本框编辑工具栏。

单击"文本框"按钮，便会显示编辑文本的状态，使用文本编辑工具，可以进行字体、字号、文字颜色、加粗、倾斜、加下划线等操作，同时可以设置文本的对齐方式。

单击文本编辑工具栏的最后一个按钮将会显示网址输入框，输入完成后，单击"完成"按钮，便可以为已编辑的文本添加链接。当单击网址时，会打开具体的网站。如果需要修改网址，可以单击"编辑"按钮重新设置链接。当不需要该网址链接时，也可以单击"删除"按钮对链接进行删除，如图5-2-1所示。

图5-2-1

对于文本框的显示格式，可以在"可视化"窗格中进行修改。当单击"文本框"按钮后，"可视化"窗格将会对应显示出可以设置的各项属性，如图5-2-2（a）所示，可以对文本框的标题、背景、锁定纵横比、常规、边框、视觉对象标头等进行设置。

当文本框作为报表标题使用时，一般不设置文本框的标题，但如果是用来发挥说明和提醒注意的作用时，可以打开"标题"的开关，将文本框的标题设置为"说明"或者"注意"，同时可以在"标题"中对具体的文字格式进行优化，如图5-2-2（b）所示。

打开"背景"的开关，可以对文本框整体的背景颜色和透明度进行设置，如图5-2-2（c）所示。

打开"边框"的开关，可以对文本框的边框颜色进行设置，如图5-2-2（d）所示，注意：这里的半径不是边框的粗细，而是边框由矩形转为圆角矩形的弧度。半径的数值越大，弧度越大。

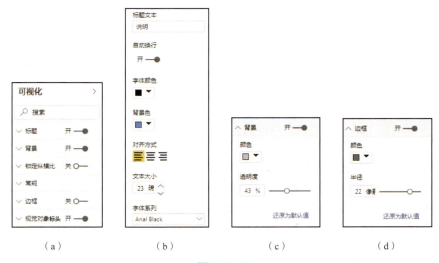

（a）　　　　　　（b）　　　　　　（c）　　　　　　（d）

图5-2-2

（二）插入图像

在"主页"选项卡中，单击"图像"按钮，将会弹出"打开"对话框，选中所需的图像，单击"打开"按钮便可以将该图像插入报表中。

在右侧的"格式图像"中可以对图像的缩放、标题、背景、锁定纵横比、常规、边框、操作和视觉对象标头进行设置，如图5-2-3（a）所示。其中需要注意的是缩放和操作。

"缩放"：在缩放中会出现三个选项，即正常、匹配度和填充，如图5-2-3（b）所示。这里的匹配效果与图像的外部尺寸是有关的，如图5-2-3（c）所示。

"操作"：如果打开"操作"的开关，根据不同的设置，将会为该对象设置下一步的操作，可以理解为为该图像添加了超链接功能，但是链接的对象分别是上一页、书签、问答、网址等。具体来看，如果为该图片选择"上一步"之后，如图5-2-3（d）所示，鼠标移动到该图片上将会显示为"按住Ctrl键并单击此处以返回此报表中的上一页"。在这种情况下，按住Ctrl键并单击该图像，则会使报表跳转到上一步操作时的状态。如果为图像选择的操作为"书签"，将会使报表跳转到书签对应的状态。如果为图像选择的操作为"问答"，将会使报表跳转到问答。同样地，如果设置为"Web URL"，将会使报表跳转到提前设定好的网址。

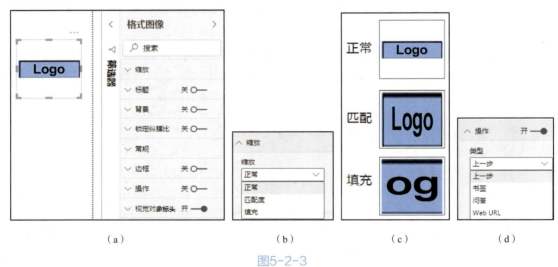

（a）　　　　　　　　（b）　　　　　　　　（c）　　　　　　　　（d）

图5-2-3

（三）插入按钮

在"主页"选项卡中，单击"按钮"按钮或者单击"按钮"右下角的下三角按钮，都会显示图5-2-4（a）所示的各选项。对于插入按钮的操作，可以简单地理解为插入预设了样式的图像，其基本操作及格式设置与图像相似。但是按钮与图像不同的地方在于，按钮不可以进行"缩放"。在按钮格式的设置中，值得注意的是"按钮文本""图标""填充"。

"按钮文本"：若打开"按钮文本"的开关，首先可以对按钮后面显示的文字进行设置，如将上一步按钮中的文本设置为"返回"。在图5-2-4（b）所示的"按钮文本"下，可以对文本显示的文字进行字体、字号以及对齐方式的修改。

"图标"：默认状态下"图标"的开关是打开的，如果选择关闭，则会将预设好的图形样式隐藏，如图5-2-4（c）所示。此时虽然看不见图标，但是按钮的功能仍然存在。

"填充"：在"填充"中，可以对按钮的背景色进行修改，使其与文本框的背景颜色相近，如图5-2-4（d）所示。

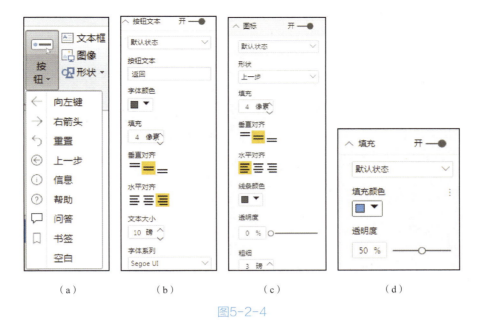

（a）　　　　　（b）　　　　　（c）　　　　　（d）

图5-2-4

（四）插入形状

在"主页"选项卡中，单击"形状"按钮或者单击"形状"右下角的下三角按钮便可以插入矩形、椭圆、线、三角形和箭头，如图5-2-5（a）所示。插入形状的方法比较简单，对于形状的具体位置和尺寸大小，可以通过控制形状四周的控制按钮进行调节。当需要对形状的角度进行旋转时，则可借助"设置形状格式"中的"旋转"进行具体设置，如图5-2-5（b）所示。

对于形状的使用，可以选择"线条"和"填充"为同一颜色，即构建如实心箭头效果的形状，对所需要说明的地方进行指示，引导报表阅读者，如图5-2-5（c）所示；也可以仅留下"线条"颜色，不使用"填充"，构建空心圆圈，对细节进行标注，提醒报表阅读者注意，如图5-2-5（d）所示。

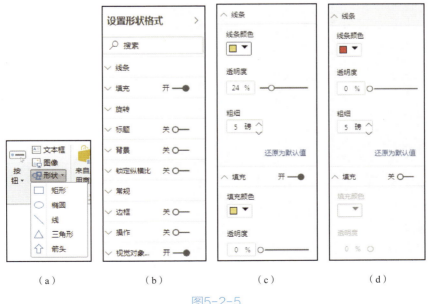

（a）　　　　　（b）　　　　　（c）　　　　　（d）

图5-2-5

二、添加可视化视觉对象

Power BI Desktop中的可视化视觉对象可以分为两大类，一类是软件自带的，即默认状态下的"可视化"窗格中包含的视觉对象，另一类是通过应用商店导入的自定义视觉对象。这两类视觉对象的具体操作分别在项目三和项目四介绍过，此处便不再赘述。

在生成报表时，在优化报表页中的可视化视觉对象格式时，需要考虑到数据间的关系、生成图表后的尺寸和图表的摆放位置等，需要遵守报表生成的原则，在进行色彩选择和标签文字属性设置时，尽可能统一。

三、添加筛选器和切片器

（一）筛选器

Power BI Desktop中的筛选器，包括三个层级，如图5-2-6（a）所示，依次是视觉对象级、单个页面级和所有页面（报表）级。

在选择筛选字段时，可以选择各可视化视觉对象中已经使用的字段，图5-2-6（b）所示为某柱形图中已使用的字段为成交转化率和来源明细。若此时想要通过成交转化率的大小进行筛选，则可以单击筛选器中成交转化率后方的☑按钮，将显示条件设置为"大于或等于0.35"，然后单击"应用筛选器"按钮，如图5-2-6（c）所示，便会在该视觉对象上应用筛选功能。

如果需要利用未被使用的字段进行筛选，则需要将"字段"窗格的具体字段拖入筛选器中，生成筛选效果，如图5-2-6（d）所示，将成交订单数拖入页面筛选器中，通过设置筛选条件，便会对本报表页的所有视觉对象进行筛选。

| （a） | （b） | （c） | （d） |

图5-2-6

（二）切片器

切片器可以看成一个特殊的视觉对象。在"可视化"窗格中，单击▦按钮，便会在报表画布中添加空白的切片器。勾选"字段"窗格中的字段，将会为切片器添加对应的筛选内容。如图5-2-7（a）所示，将来源明细作为切片器中使用的字段，此时，切片器将会把来源明细字段对应的所有内容显示到切片器中。当前显示方式为列表，可以在切片器右上角将显示方式切换为下拉菜单，如图5-2-7（b）所示。

在未勾选任何选项时，页面中的视觉对象不会产生筛选效果。默认状态下的切片器为单选；如果需要设置为多选，可以按住Ctrl键再单击各选项。如果需要修改已经选择的设置，可以在"可视化"窗格的格式中，找到"选择控件"进行调节，可以设置单项选择、使用Ctrl键选择多项以及显示"全选"选项，如图5-2-7（c）所示。

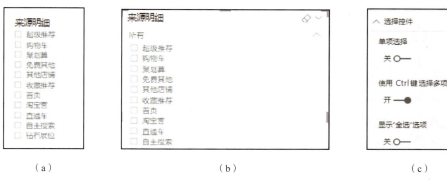

（a）　　　　　　　　　　（b）　　　　　　　　　　（c）

图5-2-7

如果要将竖排的切片器在进行报表整体布局时变为横排，可以在"可视化"窗格的格式中找到"常规"，将方向由竖直切换为水平。若切片器中的字段为日期或者数值类字段，切片器还可以通过数值输入和滑动滑块的方式进行筛选。

 商务实战演练

经过任务一的报表设计和任务二中各元素的具体操作学习，现可以针对晓安的案例进行店铺流量分析报表制作，具体流程如下。

一、获取数据

在"主页"选项卡中单击"获取数据"选项，将"流量数据.xlsx"中的流量结构和访客数据两张数据表加载进Power BI Desktop中，并进行数据预处理。

二、创建可视化视觉对象

在具体的报表设计中，一般先创建可视化视觉对象，然后添加简单对象。在任务一的实战演练中，已经设计好将使用脉冲图对店铺访客数进行呈现，使用簇状柱形图对收藏人数和加购人数进行呈现，使用阿斯特图和瀑布图对各流量来源的成交转化率和成交订单数进行呈现。

三、创建简单对象

标题行：在"主页"选项卡中，单击"文本框"按钮，将文本框移动到报表页的顶部，在文字编辑框中输入"店铺流量分析报表"，将字体设置为Arial Black，字号设置为36，选择对文字进行加粗、左对齐操作。通过文本框格式的设置，将文本框的标题关闭，背景颜色设置为蓝色，不使用边框。

Logo：在"主页"选项卡中，单击"图像"按钮，在弹出的对话框中选择店铺Logo，此处不方便涉及具体店铺，故使用Power BI的图标进行代替。

标注：在桑基图呈现的成交转化率中，聚划算和直通车的转化率较低，这两种属于付费流量。转化率较低时，需要特别提醒店家注意。此时，选择红色空心圆圈进行标注，提醒报表阅读者在收到报表后，需要具体查看这两种流量来源的投入产出比，以此判断在后续推广中是否需要减少对该项推广的投入。

四、创建切片器

单击"可视化"窗格中的切片器按钮，将"字段"窗格中的"日期"拖入切片器的字段选项框中。在格式中，修改切片器的属性。在本案例中，可以利用报表标题区域的空白位置放置切片器。

通过拖动切片器的尺寸将其放置在顶部文本框区域，在"日期输入"中，将文字颜色设置为白色，背景颜色设置为蓝色，同时调整字体和字号。将"滑块颜色"设置为黑色，并将"背景"关闭，完成对于切片器格式的设置。拖动日期滑块，将日期筛选为"2019-12-27"至"2020-01-02"。

最终呈现的店铺流量分析可视化报表如图5-2-8所示。

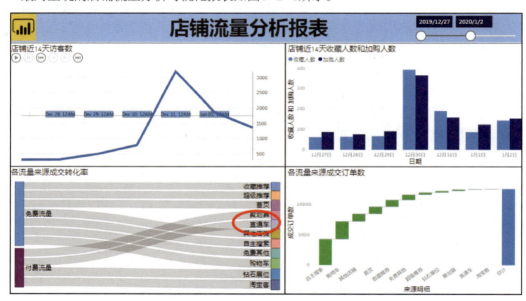

图5-2-8

任务三　进阶阶段——钻取与分组

典型工作任务

通过筹备与搭建阶段，晓安已经完成流量分析报告的基本内容，但是他想进一步完善报表。目前他有两个需求，一是构建免费与付费流量对比图表、免费流量间对比图表、付费流量间对比图表，如果将这三个对比图表做好后都放进报表，不仅浪费页面空间，还会造成可视化对象的重复，影响整体效果；因此，他想使用钻取功能对各流量成交转化进行展示；二是在收藏人数和加购人数的图表中，以7天为一组进行数据分组呈现。请你帮他完成以上效果设计。

技术知识储备

一、数据钻取

数据钻取功能是指从当前页面直接跳转到其他页面的效果，或通过对数据字段设置层级，然后打开可视化对象的"向下钻取"按钮，实现数据的不断深化。

（一）视觉对象内的钻取

当视觉对象中的数据具有层级结构时，可以借助钻取功能实现逐级深化，如时间数据的年月日和产品数据的大类、子类、产品名称，都属于具有层级结构的数据，可以在生成可视化对象时，构建第一级的效果，通过对"可视化"窗格中的字段设置进行优化，构建钻取效果。

在这里，以2016—2019年16个季度"三产"的增加值数据为例，将年度数据作为第一级，将季度数据设为第二级，构建数据钻取。

1．生成基础效果

打开Power BI Desktop，在"主页"选项卡中连接数据"国内生产总值（分季度）整理后.xlsx"，借助查询编辑器进行预处理。

在"可视化"窗格中单击"簇状柱形图"按钮，在"字段"窗格中勾选"第一产业增加值当季值（亿元）""第二产业增加值当季值（亿元）""第三产业增加值当季值（亿元）""年份"字段，如图5-3-1所示。此时"可视化"窗格对应的效果如图5-3-2所示，"三产"的增加值数据在"值"中，年份数据在"轴"中。生成可视化的效果后，在可视化对象的格式中对其进行效果优化，呈现效果如图5-3-3所示。

  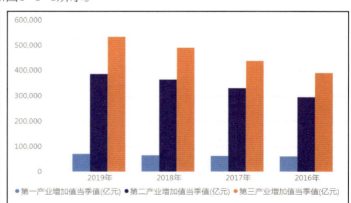

图5-3-1　　　　　图5-3-2　　　　　　　　图5-3-3

2．添加数据层级结构

因为要将季度数据设置为数据钻取的第二级，因此需要将季度数据放在年份的下面，即在

"字段"窗格中单击"季度"选项，按住鼠标左键拖动至"轴"中，如图5-3-4所示，便完成了数据钻取的准备。

3. 数据钻取效果呈现

通过以上操作完成了数据的层级搭建，此时只需要打开可视化对象的数据钻取功能即可。有两种方法可以实现：一是在主页选项卡的菜单中完成，二是在可视化对象右上角完成。

使用第一种方法，此时可视化对象中已经完成了数据层级搭建，当选中报表画布中已经生成的可视化对象时，"主页"选项卡将会出现可视化工具，在可视化工具的下一级，呈现出两个选项卡（见图5-3-5），一个是"格式"，另一个是"数据/钻取"。

图5-3-4

图5-3-5

在"数据/钻取"选项卡中，单击"向下钻取"按钮，即可打开数据的钻取功能。此时双击代表2018年数据的柱形图时，可视化对象不再是原先的交互功能（见图5-3-6），而是变成了2018年各季度之间的对比数据（见图5-3-7），即已经完成数据钻取的呈现。

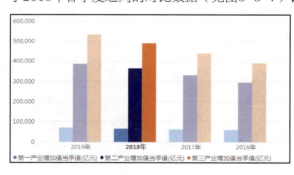

图5-3-6

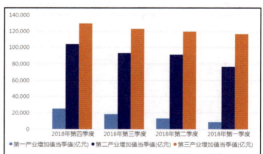

图5-3-7

使用第二种方法，利用可视化对象右上角的按钮进行设置相对比较简单。当在报表画布选中已经搭建了数据层级结构的可视化对象时，可视化对象的右上角便会出现向上钻取/向下钻取等操作按钮，如图5-3-8所示。此时只需要单击"向下钻取"按钮，即可完成数据的钻取，呈现效果与图5-3-7一致。

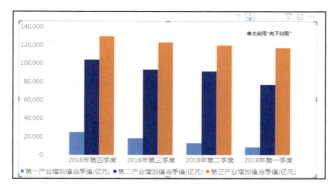

图5-3-8

在"数据/钻取"选项卡中，单击"查看数据"按钮（见图5-3-9），则会压缩报表画布中的可视化对象的空间，并在其下方显示目前呈现状态下的数据（见图5-3-10）。开启钻取功能后，随着钻取层级的深化，数据也会随之改变，如双击2018年对应的柱形图后，报表画布底部的数据也同步为2018年各季度数据的对比，如图5-3-11所示。

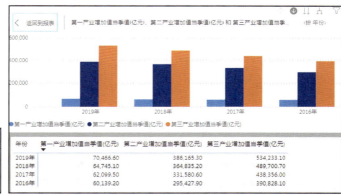

图5-3-9

图5-3-10

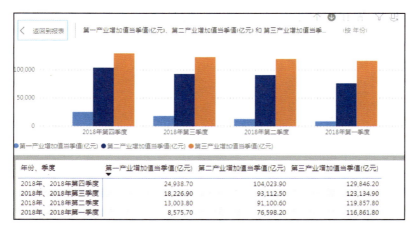

图5-3-11

（二）跨页面的数据钻取

当需要对不同分店各产品的销量数据进行分析时，也可以使用数据钻取功能。例如，在原始页面呈现的是各产品销量的柱形图，通过数据钻取跳转到新的页面，在新页面上呈现出某一产品在不同城市间销量的对比，操作步骤如下。

1．设置钻取页面

打开Power BI Desktop，在"主页"选项卡中连接数据"报表数据.xlsx"中的"销售数据"，借助查询编辑器进行数据预处理后加载进Power BI Desktop中。

考虑到钻取效果是为了实现在产品名称中钻取，从而转向另一页面以呈现各城市分店间该商品的销售情况，因此需要新建一个报表页，命名为"钻取页面"。

在"钻取页面"中生成被钻取后的可视化效果。单击"可视化"窗格中的"表"按钮，在"字段"窗格中勾选"产品名称""城市""销量""销售额"字段，放入"可视化"窗格的"值"选项中，此时"钻取页面"如图5-3-12所示。

2．设置钻取字段

在"可视化"窗格的底部可以看到图5-3-13所示的钻取选项框。在"字段"窗格中单击"产品名称"选项，按住鼠标左键将其拖动至"钻取"字段中，与此同时，在报表画布的左上角将出现返回上一页的按钮 ⊝ 。

图5-3-12　　　　　　　　　　　　　　　　图5-3-13

3．生成被钻取的可视化对象

在报表视图底部单击"新建页"按钮，新建一个报表页，将其命名为初始页面，在"可视化"窗格中单击"簇状条形图"按钮，然后在"字段"窗格中勾选"销售数据"中的"产品名称"和"销量"（见图5-3-14）。通过对可视化对象的X轴、Y轴、标题等格式进行设置，报表画布的呈现效果如图5-3-15所示。

4．设置钻取效果

在"初始页面"中选中已生成的条形图，在任一产品的横条上单击鼠标右键，如在学步鞋上单击鼠标右键，将会弹出快捷菜单，选择"钻取"→"钻取页面"选项（见图5-3-16），便会跳转进钻取页面，此时钻取页面的表格中不再显示图5-3-12中的所有数据，而是以学步鞋作为筛选条件进行呈现（见图5-3-17）。

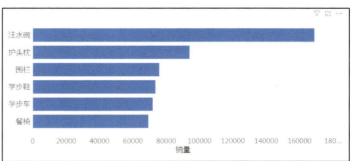

图5-3-14　　　　　　　　　　　　　　　　图5-3-15

　　按住Ctrl键并单击图5-3-17左上角的返回按钮，便会返回"初始页面"，在条形图的其他产品数据上单击鼠标右键，同样可以进入"钻取页面"且以该产品作为筛选条件进行跳转，即实现跨页面的数据钻取。

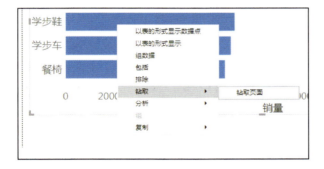

图5-3-16　　　　　　　　　　　　　　　　图5-3-17

二、数据分组

　　当创建了可视化视觉对象后，各数据值默认按照字段中的分类进行分开呈现。如果想要在视觉对象中对不同的数据进行分组，可以采取两种方式：一种是列表，另一种是装箱。其中，对于数字和日期数据两种方式均可以采用，对于文本型数据则只能采用列表分组。

（一）数据分组——列表

　　连接数据"2016—2019年分季度国内生产总值.xlsx"的"季度数据"，载入后，在"字段"窗格中勾选"国内生产总值当季值"和"季度"生成簇状条形图，通过"可视化"窗格的格式进行显示效果的优化，呈现效果如图5-3-18所示。因为Power BI Desktop对于数据读取的方式不同，各季度间未呈现出我们所习惯的排列方式。对于这种情况，可以将"序号"字段拖入"可视化"窗格的"工具提示"中，然后单击条形图右上角的…按钮，在排序方式中选择以"序号"进行升序排列（见图5-3-19）。此时，条形图的呈现效果如图5-3-20所示。

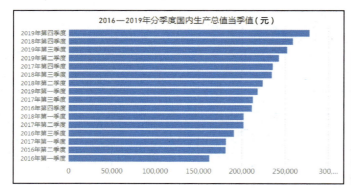

图5-3-18

图5-3-19

在图5-3-20中，各季度数据均以同一颜色呈现，若想将16个数据分年份呈现不同颜色，则需要打开可视化"窗格格式"→"数据颜色"→"显示全部"，然后逐一设置。但是借助数据分组，则不需要如此复杂便可以实现。

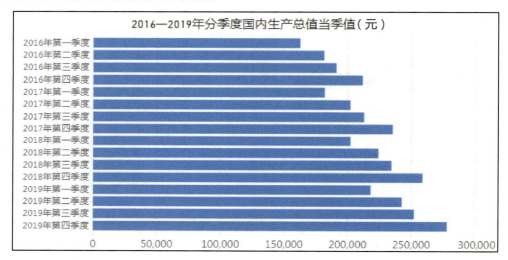

图5-3-20

用鼠标右键单击"字段"窗格中的"季度"选项，在弹出的快捷菜单中选择"新建组"，在"组"对话框中（见图5-3-21），按住Ctrl键，依次选择各年的数据，单击左下角"组"按钮，并为各组命名。重命名操作完成后，单击"确定"按钮，"字段"窗格中便会出现新的字段"季度（组）"，如图5-3-22所示。当在"字段"窗格中勾选该字段时，会默认添加进"可视化"窗格的"图例"选项中。与此同时，条形图呈现效果如图5-3-23所示。

（二）数据分组——装箱

对于装箱的数据分组，大体操作与列表形式的数据分组一致，在"字段"窗格中"新建组"，然后将"组类型"选择为"装箱"，具体操作如下。

连接数据"近14天数据.xlsx"的"销售数据"，在"字段"窗格中勾选"估算销售额"和"日期"，在"可视化"窗格的"轴"中将日期由层级结构切换为日期，在格式中优化可视化对象的显示效果，呈现效果如图5-3-24所示。

组

名称	季度 (组)	字段	季度
组类型	列表 ▼		

未分组值

2019年第二季度
2019年第三季度
2019年第四季度
2019年第一季度

组和成员

▸ 2016年
▸ 2017年
▸ 2018年

组　　取消分组　　　　　　　　　　　　☐ 包括其他组 ⓘ

确定　取消

图5-3-21

图5-3-22

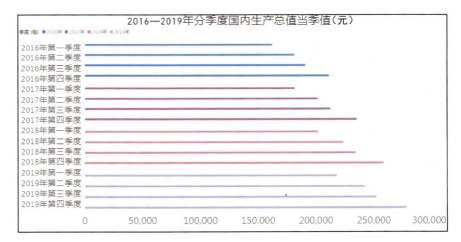

图5-3-23

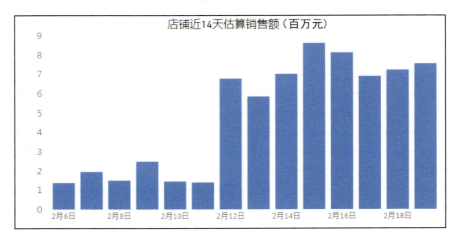

图5-3-24

选中已经生成的柱形图，使用鼠标右键单击"字段"窗格中的"日期"，在弹出的快捷菜单中选择"新建组"，在弹出的对话框中进行装箱设置，将装箱大小设置为7天（见图5-3-25），单击"确定"按钮后，在字段窗格中将会出现新的字段"日期（箱）"。

图5-3-25

勾选字段"日期（箱）"，将会在"可视化"窗格的"图例"选项框中放入该字段。此时，报表画布中的柱形图的呈现效果如图5-3-26所示。

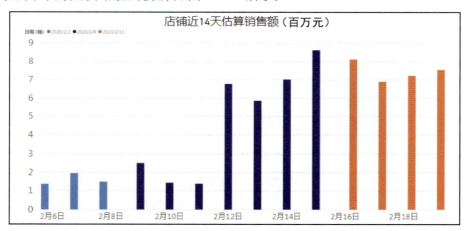

图5-3-26

虽然数据仅有14天，在分组后却并非只分两个组，而是根据周日到周六进行分组，所以数据分组为2月6日至2月8日、2月9日至2月15日、2月16日至2月19日三组。

以上是根据日期进行装箱分组，还可以根据数值进行数据分组。使用鼠标右键单击"字段"窗格中的"估算销售额"选项，在弹出的快捷菜单中选择"新建组"，在弹出的对话框中进行装箱设置。在图5-3-27中，装箱类型分为装箱大小和箱数两种，分别对应以每一箱中的数值区间进行分组和固定组数进行分组。设置好分组后，仍然是在"字段"窗格中产生新的字段，并将其放入"可视化"窗格的"图例"选项中，此处就不再具体演示操作过程。

组

名称	估算销售额 (元) (箱)	字段	估算销售额 (元)
组类型	箱 ▼	最小值	1370000
装箱类型	装箱大小 ▼	最大值	8620000

装箱大小
箱数

装箱将数值或日期/时间数据拆分为大小相同的组。基于数据计算默认的装箱大小。

装箱大小   1450000

还原为默认值

图5-3-27

商务实战演练

有了对于数据钻取和数据分组知识的积累,让我们分两步解决晓安遇到的工作难题,首先是数据的钻取。

一、设置数据钻取

(一)生成瀑布图

打开Power BI Desktop,在"主页"选项卡中,连接数据"流量数据.xlsx"中的"流量结构",借助查询编辑器进行数据预处理。

使用"流量来源"和"成交订单数"构建"瀑布图",在"可视化"窗格的格式中完成对可视化对象格式的优化,呈现效果如图5-3-28所示。

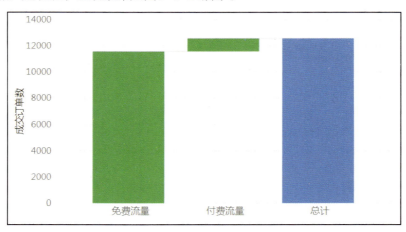

图5-3-28

(二)设置层级结构并启用数据钻取

在"可视化"窗格中,将"来源明细"拖动至"流量来源"下方,即将该字段拖入"类别"选项中。在瀑布图右上角单击"向下钻取"按钮,启用数据的钻取。

（三）呈现数据钻取

当启用数据钻取后，便可在免费流量的柱形上双击，此时现有呈现免费流量和付费流量的瀑布图将会更新为以免费流量的来源明细的瀑布图（见图5-3-29）。

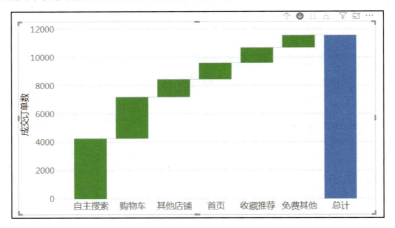

图5-3-29

单击"向上钻取"按钮，则会返回第一层级。

单击"展开下一级别"按钮，则会将第二层级的所有明细全部展开（见图5-3-30）。

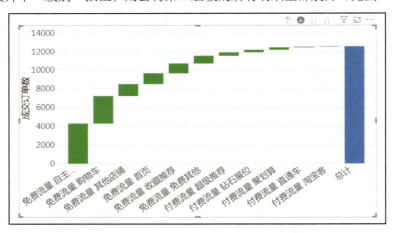

图5-3-30

二、设置数据分组

（一）生成散点图

打开Power BI Desktop，在"主页"选项卡中，连接数据"访客数据.xlsx"中的"访客收藏 加购"，借助查询编辑器进行数据预处理。

在"可视化"窗格中，单击"散点图"按钮，在"字段"窗格中依次选择"日期""加购人数""收藏人数"字段，将"日期"放入"X轴"选项、"加购人数"放入"Y轴"选项、"收藏人数"放入"大小"选项，并在"可视化"窗格的"轴"中将日期由层级结构切换为日期，在格式中优化可视化对象的显示效果，呈现效果如图5-3-31所示。

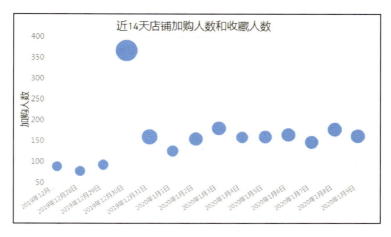

图5-3-31

（二）设置数据分组

用鼠标右键单击"字段"窗格的"日期"选项，在弹出的快捷菜单中选择"新建组"，在弹出的对话框中进行装箱设置，将装箱大小设置为7天/箱。单击"确定"按钮后，在"字段"窗格中将会出现新的字段"日期（箱）"。

将新字段"日期（箱）"拖动至"可视化"窗格的"图例"选项中。此时，报表画布中的散点图呈现出图5-3-32所示的效果，即完成了按7天/箱进行数据分组。

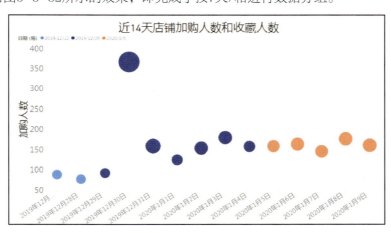

图5-3-32

📈 项目小结

通过本项目的学习，读者应重点掌握以下知识。

（1）能够理解可视化报表的基本概念及功能。

（2）能够掌握制作可视化报表的思路及原则。

（3）能够完成添加文本框、图像、按钮、形状等简单对象的操作。

（4）能够完成为可视化报表添加筛选器和切片器的操作。

（5）能够完成数据钻取与分组的设置。

分享客户分析数据
——制作仪表板

职业能力目标

通过打开、登录Power BI服务，开展网页化的Power BI工作流，将Power BI Desktop上面的报表和数据发布到Power BI服务上，并在线进行编辑和视觉化展现工作，最后通过Web页面和手机页面将仪表板发送给自己的同事。本项目以产品价格报表为例，以Power BI服务与Power BI Desktop之间的智能关系为设计思路和原则，介绍Power BI服务的基本概念、如何设计仪表板、编辑自然语言问答并开展共享与协作工作。

任务一　了解Power BI服务

典型工作任务

晓安已经能够熟练使用Power BI Desktop完成数据的清洗和加工工作，但是每次他都要通过截图给同事分享数据报表，这不但大大降低了数据的交互功能，而且也十分不方便。当新的数据产生的时候，晓安又需要重新制作PPT进行汇报，他希望能够自动生成每周的周报，同时可以在线发送给他的同事，以便同事之间进行浏览和交互。

技术知识储备

一、什么是Power BI

Power BI是软件服务、应用和连接器的集合，它们协同工作以将相关数据来源转换为连贯的视觉逼真的交互式形式。数据可以是Excel电子表格，也可以是基于云和本地混合数据仓库的集合。使用Power BI，可以轻松连接到数据源，对其进行可视化并发现重要内容，并根据需要与他人共享。

（一）Power BI的组成部分

Power BI包括以下几个部分。

（1）名为Power BI Desktop的Windows桌面应用程序。

（2）名为Power BI服务的联机SaaS（软件即服务）。

（3）适用于Windows、iOS和Android设备的Power BI移动应用。

它们三者的关系如图6-1-1所示。

图6-1-1

Power BI Desktop、Power BI服务和Power BI移动应用这三个元素旨在让用户能够采用

适合自己的角色且最有效的方式来创建、共享和使用业务见解。

需要注意的是，有的时候，我们会用到"Power BI报表服务器"，在Power BI Desktop中创建Power BI报表后，可以将其发布到本地报表服务器中。

（二）Power BI如何与你的角色匹配

使用Power BI的方式取决于用户在项目中所扮演的角色或所在的团队。不同角色的用户可能以不同方式使用Power BI。

例如，有些用户主要使用Power BI服务查看报表和仪表板；而负责处理数字和生成业务报表的用户可能主要使用Power BI Desktop创建报表，然后将这些报表发布到Power BI服务中；还有一些负责销售的用户可能主要使用Power BI移动应用监视销售配额的进度和深入了解新的潜在用户的详细信息。

如何使用Power BI取决于Power BI的具体适用场景。例如，可以使用Power BI Desktop为自己的团队创建有关客户参与统计信息的报表，也可以在Power BI服务的实时仪表板中查看库存和生产进度。

二、Power BI服务中设计器的基本概念

本任务旨在介绍Power BI服务：有哪些不同的元素，它们如何协作，以及如何使用它们。如果用户已注册Power BI服务并已添加了一些数据，那么就可以更充分地利用它。通常情况下，设计人员的典型工作流程是首先在Power BI Desktop中创建报表，然后将报表发布到Power BI服务中，可在其中继续修改报表，还可以根据报表创建仪表板，如图6-1-2所示。

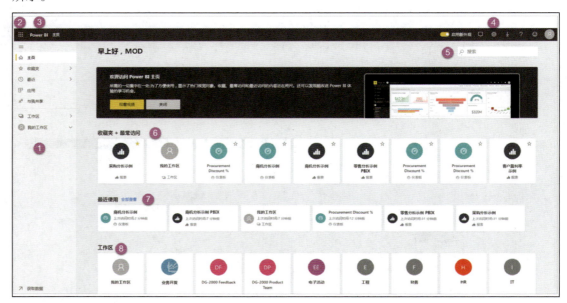

图6-1-2

在浏览器中打开Power BI服务时，首先进入主屏幕。可能会看到以下元素。

（1）导航窗格。

（2）Office 365应用程序启动程序。

（3）Power BI主页按钮。

（4）图标按钮，包括设置、帮助和反馈。

（5）搜索框。

（6）收藏的和经常使用的仪表板、报表和工作区。

（7）最近使用的仪表板、报表和工作区。

（8）工作区。

Power BI的5个主要构建基块是仪表板、报表、工作簿、数据集和数据流，它们都被整合到"工作区"中。在深入了解这五个构建基块之前，有必要了解容量和工作区。

（一）容量

容量是Power BI的核心概念，表示用于托管和交持Power BI内容的一组资源（存储、处理器和内存）。容量可以是共享容量，也可以是专用容量。共享容量与其他Microsoft用户共享，专用容量则完全委派给单个用户。

默认情况下，工作区是在共享容量上创建的。在共享容量中，工作负载可在与其他用户共享的资源上运行。由于容量必须共享资源，因此会施加限制以确保"公平竞争"，如最大模型大小（1GB）和每日刷新频率上限（每天8次）。

（二）工作区

工作区是基于容量创建的。本质上，它们是Power BI中仪表板、报表、工作簿、数据集和数据流的容器。

Power BI中有两种类型的工作区："我的工作区"和"工作区"。

（1）"我的工作区"是个人工作区，供Power BI用户在其中处理自己的内容，只有用户自己才有权访问，可以从"我的工作区"中共享仪表板和报表。如果想要在仪表板和报表上展开合作或创建应用，可以在"工作区"中完成。

（2）"工作区"用于与同事展开协作和共享内容，可将同事添加到"工作区"，然后与其在仪表板、报表、工作簿和数据集方面进行协作。需要注意的是，所有工作区成员都需要Power BI Pro许可证，才可以详细了解新建工作区。

"工作区"可以为组织创建、发布和管理应用，可看作构成Power BI应用的内容的暂存区域和容器。

需要注意的是，应用是仪表板和报表的集合，生成它的目的是为组织中的Power BI使用者提供关键指标。应用是交互式的，使用者无法编辑它们，应用的使用者（有权访问应用的同事）不一定需要Power BI Pro许可证。

（三）数据流

数据流可帮助组织统一来自不同源的数据，是可选的，通常在复杂或大型项目中使用。数据流表示数据已准备好且已暂存供数据集使用。但是，它们不可直接用作报告的源。它们使用Microsoft数据连接器的广泛集合，让用户能够从本地和基于云的数据源中引入数据。

数据流仅在工作区中创建和管理（但不是在"我的工作区"中），而且作为实体存储在AzureDataLakeStorageGen2的Common Data Model（CDM）中。通常情况下，它们定期刷新以存储最新数据，非常适合准备数据供数据集使用（可能是重复使用）。

仪表板和报表中必须有数据（如果是空的仪表板和空报表，则必须有数据后才可使用），其数据集如图6-1-3所示。

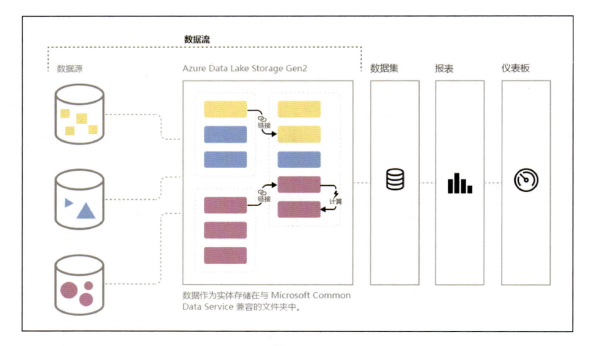

图6-1-3

随着数据量的不断增长，将数据转换为格式正确且可操作信息的难度也随之增加。用户希望数据已准备好用于分析，可填充视觉效果、报告和仪表板，以便可以快速将数据量转化为可操作的视图。借助Power BI中针对大数据的自助服务数据准备，用户只需简单操作即可将数据转换成Power BI视图。

Power BI引入数据流，以帮助组织统一来自不同来源的数据并为建模做好数据准备。分析人员可以使用熟悉的自助服务工具轻松创建数据流。数据流通过定义数据源连接、数据仓库（Extract-Transform-Load ETL）逻辑、刷新计划等来引入、转换、集成和丰富大数据。此外，作为数据流一部分的新模型驱动计算引擎使数据准备过程更易于管理且更具决定性，并且对于数据分析人员和报表创建者等来说更加简便。通过数据流，分析人员和报告创建者只需简单操作即可处理曾经需要进行数据监督（需要几个小时或几天）才能完成的任务。

（四）数据集

数据集是导入或连接的数据集合。通过Power BI，用户可以连接并导入各种类型的数据集并将它们组合在一起。数据集还可从数据流中获取数据。

数据集与工作区相关联，单个数据集可以包含在多个工作区中。打开某个工作区时，关联的数据集会列在"数据集"选项卡下面。每个列出的数据集表示一个数据源，如OneDrive上的Excel工作簿、本地SAAS表格数据集或Salesforce数据集。Power BI支持许多不同的数据源，并且软件一直在添加新的数据源。

通过选择页面左下角的"获取数据"选项，从Power BI中的任何数据源中获取数据，如图6-1-4所示。

选择"获取数据"后，可选择想要访问的数据，如图6-1-5所示。

在下面的示例中，选择"我的工作区"，并单击"数据集"选项卡，如图6-1-6所示。

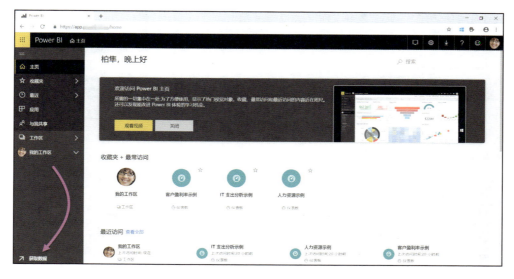

图6-1-4

图6-1-5

图6-1-6

一个数据集可在一个或多个工作区中反复使用，用于许多不同的报表，也可以在许多不同的仪表板上显示该数据集的可视化对象，如图6-1-7所示。

要连接或导入数据集，可选择导航窗格底部的"获取数据"选项。按照说明连接或导入特定的源，并将该数据集添加到活动的工作区。新的数据集项目带有黄色星号标记。在Power BI中所做的工作不会更改基础数据集。

图6-1-7

如果某工作区成员是管理员、成员或参与者角色，那么其添加的数据集也可供其他工作区成员使用。

（五）报表

Power BI报表是一页或多页可视化对象（如折线图、地图和树状图）。可视化效果也称为视觉对象。报表中所有可视化对象来自单个数据集。在Power BI中，可以从头开始创建报表，使用同事与自己共享的仪表板导入报表；也可以在从Excel、Power BI Desktop、数据库和SaaS应用程序中连接数据集时创建报表。例如，当连接包含Power View表的Excel工作簿时，Power BI将基于这些表创建报表；当连接SaaS应用程序时，Power BI将导入预先构建的报表。

有两种模式可用来查看报表并与之交互：阅读视图和编辑视图。打开报表时，报表将在"阅读视图"中打开。如果用户具有编辑权限，会看到左上角的"编辑报表"，可以在"编辑视图"中查看报表。如果报表位于工作区中，则管理员、成员或参与者角色的所有人都可以对其进行编辑。他们有权访问该报表的"编辑视图"的所有浏览、设计、生成和共享功能。共享报表的用户可以使用"读取视图"了解报表并与之交互，如图6-1-8所示。

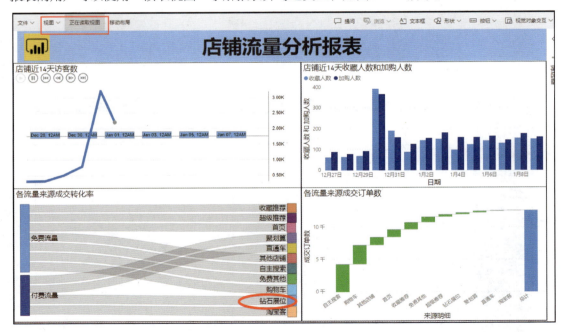

图6-1-8

打开某个工作区时，关联的报表会列在"报表"选项卡下面。每个列出的报表代表只基于其中一个基础数据集的一页或多页可视化对象。若要打开报表，选择报表即可。

　　打开某个应用时，会同时显示一个仪表板。若要访问基础报表，可选择从报表中固定的仪表板磁贴。需要注意的是，并非所有磁贴在报表中都是固定的，因此，可能需要选中几个磁贴才能找到所需的报表。

　　默认情况下，报表将在"阅读"视图中打开。只需选择"编辑报表"即可将其在编辑视图下打开。

　　一个报表可用于如下操作。

　　① 包含在单个工作区中。

　　② 可与该工作区内的多个仪表板相关联。该报表中固定的磁贴可以显示在多个仪表板上。

　　③ 可以使用来自一个数据集的数据进行创建。Power BI Desktop可以将多个数据集组合到一个报表的单个数据集中，并且该报表可以导入Power BI中，如图6-1-9所示。

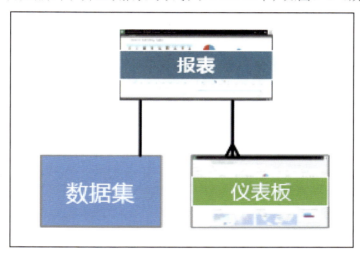

图6-1-9

（六）仪表板

　　用户可以在Power BI服务中创建仪表板，或者由同事在Power BI服务中创建仪表板并与自己共享。它是一个画布，其中包含零个或多个磁贴和小组件。报表或问答固定的每个磁贴显示通过数据集创建并固定到仪表板中的单个可视化对象。可将整个报表页作为单个磁贴固定到仪表板中，有多种方法可将磁贴添加到仪表板中。

　　创建仪表板的主要目的如下。

　　① 快速查看做出决策所需的所有信息。

　　② 监视有关业务的最重要信息。

　　③ 确保同一页面上的所有同事均可查看和使用相同的信息。

　　④ 监视业务、产品、业务部门或市场营销活动的运行状况。

　　⑤ 创建更大仪表板的个性化视图（所有指标都很重要）。

　　打开某个工作区时，关联的仪表板会列在"仪表板"选项卡下面。若要打开仪表板，选择仪表板即可。打开某个应用时，会同时显示一个仪表板。每个仪表板代表一个自定义视图，其中包含基础数据集的某个子集。如果用户已经拥有该仪表板，则对基础数据集和报表拥有编辑访问权限。如果仪表板是共享的，则用户可与任何基础报表进行交互，但无法保存任何更改，如图6-1-10所示。

图6-1-10

三、各个功能模块的具体作用

下面我们来介绍各个功能模块之间的作用，如图6-1-11所示。

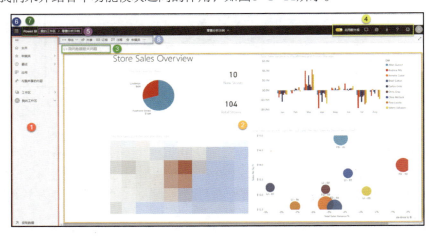

图6-1-11

（一）"导航"窗格

使用"导航"窗格可在工作区与Power BI构建基块（仪表板、报表、工作簿和数据集）之间进行定位和切换，如图6-1-12所示。

选择"获取数据"，将数据集、报表和仪表板添加到Power BI中。

单击 图标可以展开和折叠"导航"窗格。

① 选择"收藏夹"选项可以打开或管理收藏的内容。

② 选择"最近"选项可以查看和打开最近访问的内容。

③ 选择"应用"选项可以查看、打开或删除某个应用。

④ 选择"与我共享"选项可以搜索和排序同事与自己共享的内容，找到所需的内容。

图6-1-12

⑤ 选择"工作区"可以显示和打开工作区。

（二）画布

当用户打开一个仪表板时，画布区域中就会显示可视化对象磁贴。例如，如果用户已打开报表编辑器，则画布区域会显示报表页。

仪表板由磁贴组成。磁贴在报表编辑视图、问答和其他仪表板中创建，并且可从Excel、SaaS等应用中进行固定。显示在仪表板上的磁贴是由报表创建者/所有者专门放在仪表板上的。向仪表板上添加磁贴的操作称为固定，如图6-1-13所示。

图6-1-13

（三）"问题与解答"框

通过问答的形式，Power BI会自动为你生成问题与解答（采用可视化对象的形式）。

"问题与解答"会在连接到仪表板的数据集中查找答案。已连接的数据集至少有一个磁贴固定到仪表板上的数据集，如图6-1-14所示。

图6-1-14

开始键入问题后，"问题与解答"将带用户进入相关页面。键入时，"问题与解答"将帮助用户询问相应的问题并通过改换、自动填充、建议以及更多功能来查找最佳答案。当用户确定了想要的可视化对象（答案）时，"问题与解答"会将其固定到仪表板中。

（四）黑色标题栏中的图标

使用Power BI面板右上角的图标，可以指定设置、获取通知、下载内容、获取帮助、启用或禁用"新外观"以及向Power BI团队提供反馈的资源，如图6-1-15所示。

图6-1-15

（五）仪表板标题（导航路径，或称为痕迹导航）

有时，用户难以判断哪个工作区和仪表板处于活动状态，基于此，Power BI将会创建导航路径。在本示例中，可以看到工作区（"我的工作区"）和仪表板标题（"零售分析示例"）。如果用户打开了某个报表，该报表的名称将追加到导航路径的末尾。路径的每个部分是活动的超链接，如图6-1-16所示。

图6-1-16

 商务实战演练

在使用Power BI服务之前，我们可以使用Power BI Desktop制作报表，具体操作步骤如下。

（一）导入数据

（1）打开Power BI Desktop。

（2）单击"主页"选项卡中的"获取数据"按钮，将"客户数据全.csv"文件加载到Power BI Desktop中，通过查询编辑器进行数据预处理，如图6-1-17所示。

图6-1-17

（二）生成默认状态下的条形图

在"字段"窗格中选择"常住地区""产品名称""产品价格（元）"字段，分别拖入"轴""图例""值"选项，如图6-1-18（a）所示，显示效果如图6-1-18（b）所示。

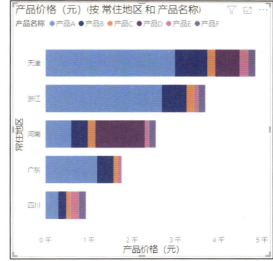

（a） （b）

图6-1-18

（三）打开Power BI服务

（1）双击右上角的账户菜单，在弹出的对话框中单击"Power BI服务"按钮，如图6-1-19所示。

（2）在弹出的网页中登录自己的微软账户密码，进入Power BI服务界面。

需要注意的是，部分浏览器可能存在登录困难的情况，可以尝试使用Chrome内核的浏览器或微软自带Edge浏览器。进入后的服务页面如图6-1-20所示。

图6-1-19

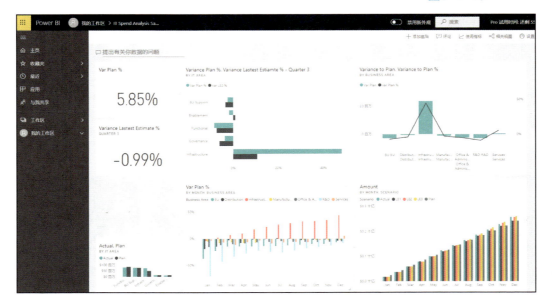

图6-1-20

 **任务二　发布仪表板（通过报表创建仪表板）**

 典型工作任务

　　晓安在完成了Power BI Desktop的数据分析操作之后，需要进一步将报表和仪表板展示给他的同事，以更好地与其他同事开展工作协同，并且说服同事们学习使用Power BI。

 技术知识储备

一、通过报表创建仪表板

（一）使用报表导入数据集

　　在此分步流程中，我们导入一个Power BI示例数据集，并使用它来创建新仪表板。我们使用的示例是包含两个Power View工作表的Excel工作簿。当Power BI导入工作簿时，它会在工作区中添加一个数据集和一个报表。该报表是通过Power View工作表自动创建的。

　　（1）下载采购分析示例Excel文件。

　　（2）在浏览器中打开Power BI服务。

　　（3）从导航窗格中选择"我的工作区"选项，然后单击"获取数据"按钮，如图6-2-1所示。

　　（4）在"文件"选项下，单击"获取"按钮，如图6-2-2所示。

图6-2-1　　　　　　　　　　　　　　　　图6-2-2

　　（5）导航到保存采购分析示例Excel文件的位置，选中文件后单击"连接"按钮，如图6-2-3所示。

图6-2-3

（6）单击"导入"按钮，如图6-2-4所示。

图6-2-4

（7）出现成功消息时，单击 ☒ 按钮，如图6-2-5所示。

图6-2-5

（二）打开报表并将磁贴固定到仪表板上

（1）在同一工作区中，选择"报表"选项卡，然后选择"采购分析示例"选项以打开报表，如图6-2-6所示。

图6-2-6

（2）单击"编辑报表"按钮，在编辑视图中打开报表，如图6-2-7所示。

图6-2-7

（3）将鼠标指针放在可视化效果上方以显示可用的选项。若要将可视化效果添加到仪表板中，可选择固定图标，如图6-2-8所示。

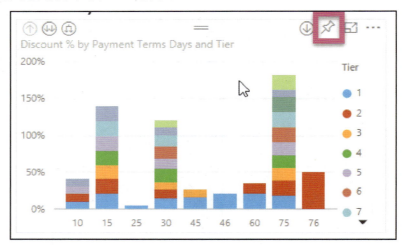

图6-2-8

（4）由于正在创建新的仪表板，可选中"新建仪表板"单选项，并为其指定名称，如图6-2-9所示。

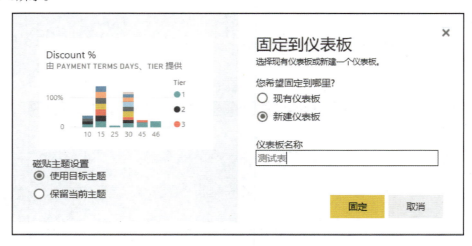

图6-2-9

（5）当单击"固定"按钮时，Power BI将在当前工作区中创建新仪表板。在"已固定至仪表板"消息出现之后，单击"转至仪表板"按钮，如图6-2-10所示。如果系统提示保存报表，可单击"保存"按钮。

图6-2-10

（6）Power BI会打开新仪表板。它包含一个磁贴：刚固定的可视化效果，如图6-2-11所示。

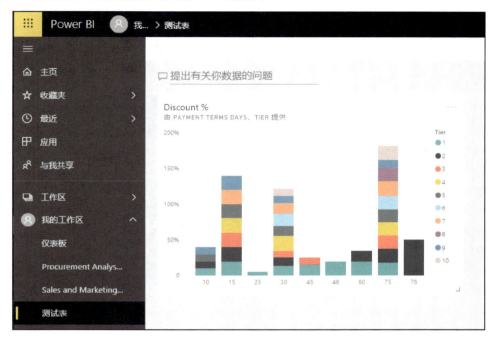

图6-2-11

（7）选择该磁贴以返回报表。将更多磁贴固定到新仪表板上。当显示"固定到仪表板"窗口时，选中"现有仪表板"单选项，如图6-2-12所示。

图6-2-12

（三）将整个报表页固定到仪表板上

可将整个报表页固定为动态磁贴（而不是一次固定一个视觉对象），这样可以更快地实现批量操作。

（1）在报表编辑器中，选择"支出概况"选项卡以打开报表的第二页，如图6-2-13所示。

图6-2-13

（2）要想实现报表中的所有视觉对象都位于仪表板上，在菜单栏右上角单击"固定活动页"按钮。在仪表板上，活动页面磁贴将在每次刷新页面时更新，如图6-2-14所示。

图6-2-14

（3）显示"固定到仪表板"窗口时，选择"测试表"仪表板，如图6-2-15所示。

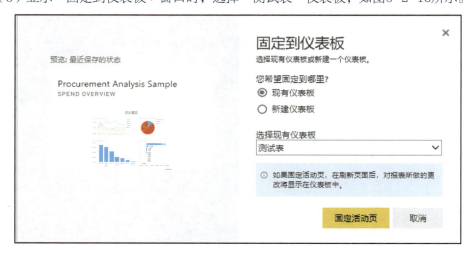

图6-2-15

（4）出现"成功"消息之后，单击"转至仪表板"按钮，可以在此处看到通过报表固定的磁贴。在以下示例中，已从报表的第一页固定了两个磁贴，并从报表的第二页固定了一个动态磁贴，如图6-2-16所示。

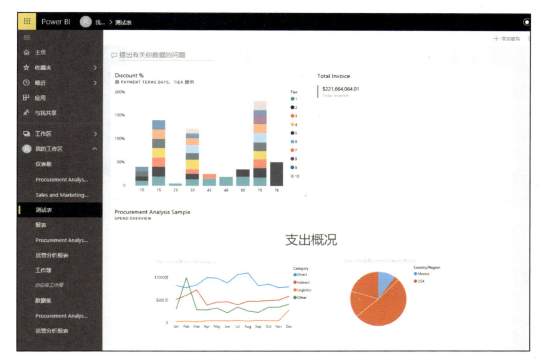

图6-2-16

（四）创建仪表板副本

某些时候，需要在已经做好的仪表板上做一些创新，但是又担心新增的操作会覆盖掉原来花费很大精力才制作好的仪表板，这个时候就要用到仪表板的复制。

需要注意的是，必须是仪表板创建者才能复制仪表板，但不能复制已作为应用与自己共享的仪表板。

（1）打开仪表板。

（2）在右上角单击 ▢ 按钮，然后选择"复制仪表板"选项，如图6-2-17所示。

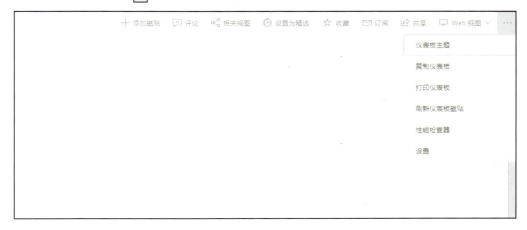

图6-2-17

（3）弹出"复制仪表板"对话框，为仪表板命名并单击"重复"按钮，如图6-2-18所示。

（4）新仪表板将与原始仪表板保存在同一工作区中，如图6-2-19所示。

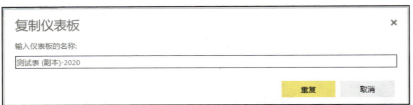

图6-2-18　　　　　　　　　　　　　　　　　图6-2-19

（5）打开新仪表板，并根据需要进行编辑。接下来，执行下列操作。

① 移动、重命名、重设大小或删除磁贴。

② 通过依次单击磁贴的更多选项按钮□□□和"编辑详细信息"，编辑磁贴详细信息和超链接。

③ 通过仪表板菜单栏添加新磁贴（添加磁贴）。

④ 通过Power BI问答或通过报表固定新磁贴。

⑤ 在仪表板的"设置"窗格中，进行重命名仪表板、启用或禁用Power BI问答并设置磁贴流等操作（依次单击仪表板中的更多选项按钮□□□和"设置"按钮）。

⑥ 将仪表板直接与同事共享，或作为Power BI应用的一部分与同事共享。

二、编辑或删除仪表板磁贴

（一）移动磁贴

在仪表板中，找到新磁贴。选择并按住磁贴，将其拖入仪表板画布上的一个新位置，如图6-2-20所示。

图6-2-20

（二）重设磁贴大小

可将磁贴设置为多种大小——从1×1到5×5的磁贴单位均可。选择并拖动右下角的图柄，重设磁贴大小，如图6-2-21所示。

（三）更多选项按钮

（1）单击磁贴右上角的更多选项按钮，如图6-2-22所示。

（2）将鼠标指针停在"账户"磁贴之上，再单击更多选项按钮调出选项，可用选项因磁贴类型而异，这是因为动态磁贴的可用选项不同于标准可视化效果磁贴的可用选项。此外，如果仪表板是与自己共享的（即不是所有者），可用选项就更少了，如图6-2-23所示。

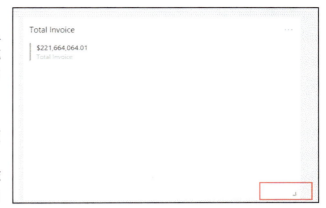

图6-2-21

图6-2-22

图6-2-23

（3）选择"编辑详细信息"选项，打开"磁贴详细信息"窗口，如图6-2-24所示。

图6-2-24

（4）更改磁贴的标题和默认行为，例如，可以决定在使用者选择磁贴后，改为显示新仪表板，而不是打开用于创建此磁贴的报表。

（四）重命名磁贴

在"磁贴详细信息"窗口顶部，将标题从"Discount %"更改为"折扣百分比"。

（五）删除磁贴

（1）要从仪表板中永久删除磁贴，可单击更多选项按钮▢▢▢，在下拉列表中选择"删除磁贴"选项。

（2）删除磁贴不会删除基础可视化效果。选择"金额"磁贴，打开基础报表中的最后一页，可以看到原始可视化效果尚未从报表中删除。

三、设计Power BI仪表板的提示

现在，已创建了一个仪表板并添加了一些磁贴，下面需要考虑如何使仪表板不仅美观，而且实用。一般来说，这意味着突出显示最重要的信息，使其整洁有序，如图6-2-25所示。

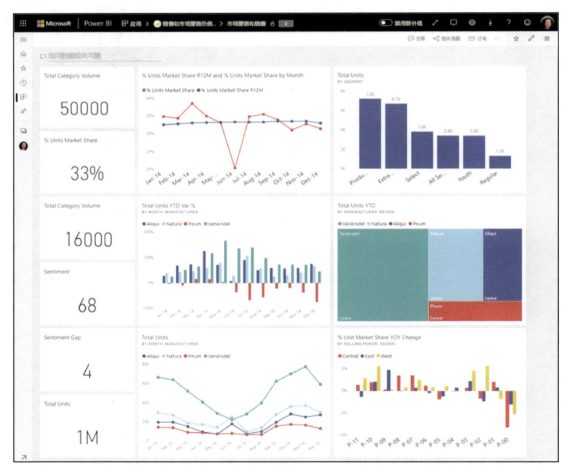

图6-2-25

（一）考虑受众

受众群体到底是谁？他们关注什么？将在什么终端如何使用这些数据？这些都是设计者需要考虑的问题。

仪表板是一个概览，一个用于监视数据当前状态的单一区域。仪表板以基础报表和数据集为基础，而这二者通常包含大量详细信息。读者可通过仪表板深入了解报表。因此不要在仪表板上放置详细信息，除非读者需要监视该详细信息。

（二）在一个屏幕上显示信息

由于仪表板旨在一目了然地显示重要信息，因此最好在一个屏幕上显示所有磁贴。

（三）利用全屏模式

显示仪表板时，以全屏模式显示（不显示干扰信息）。

（四）突出显示最重要的信息

如果仪表板上的文本和可视化效果大小相同，读者会很难将重点放在最重要的信息上。例如，卡片可视化效果是突出显示重要数字的好办法，如图6-2-26所示。

图6-2-26

（五）放置最重要的信息

大多数读者会从上到下、从左到右阅读数据。因此将最高级别的数据置于左上角，并随受众阅读方向的移动显示更多详细信息（从左到右、从上到下）。

（六）对数据使用适当的可视化效果

避免出于多样性的目的而使可视化效果多样。可视化效果应对图片润色，并且易于"阅读"和解释。对于某些数据和可视化效果，简单的图形可视化就足够了，但其他数据可能会要求更复杂的可视化效果，在这种情况下，用户要确保使用标题、标签以及其他自定义对象来帮助阅读者理解。

四、针对手机优化仪表板——Power BI

在手机上以纵向模式查看仪表板时，仪表板磁贴采用相继布局的方式，所有磁贴的大小都一样。在Power BI服务中，可以创建仪表板的自定义视图，用于在手机上以纵向模式查看。即使创建手机视图，当侧向打开手机时，仍会看到仪表板以服务中的原有方式打开。

创建仪表板电话视图的步骤如下。

（1）在Power BI服务中打开仪表板。

（2）依次单击"Web视图"下拉按钮和"电话视图"选项，如图6-2-27所示。

图6-2-27

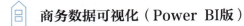

（3）单击"继续"按钮完成电话版本的转换，如图6-2-28所示。

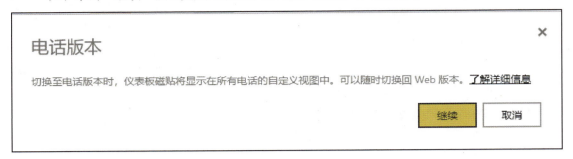

电话版本

切换至电话版本时，仪表板磁贴将显示在所有电话的自定义视图中。可以随时切换回 Web 版本。**了解详细信息**

继续　取消

图6-2-28

如果不是仪表板的所有者，将看不到此选项，如图6-2-29所示。

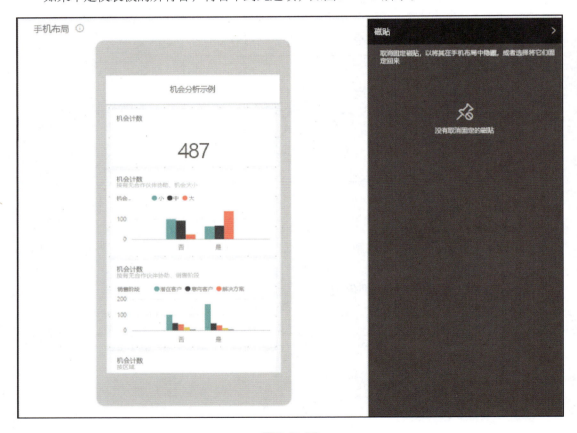

图6-2-29

此时将打开电话仪表板编辑视图，可以在该视图中取消固定、调整大小以及重排磁贴以适应电话视图，仪表板的Web版本不会更改。

（4）选择一个磁贴进行拖放、调整大小或取消固定操作。在拖动某个磁贴时，其他磁贴也会移开，如图6-2-30所示。

未固定的磁贴会进入"未固定的磁贴"窗格中，除非重新添加回原处，否则它们将继续留在此窗格中。

（5）如果要改变想法，可单击"重置磁贴"按钮，按之前的大小和顺序将它们放回原处，如图6-2-31所示。

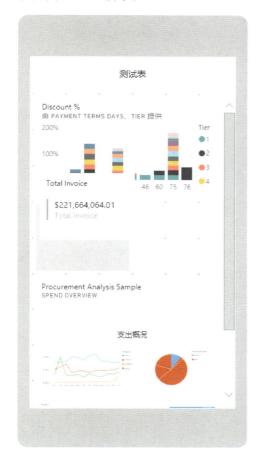

图6-2-30　　　　　　　　　　　　　　　图6-2-31

在Power BI服务中直接打开"电话编辑"视图，会稍微改变手机上磁贴的大小和形状。因此，若要将仪表板完全恢复到在"电话编辑"视图中打开之前的状态，可单击"重置磁贴"按钮。

（6）若对手机仪表板布局感到满意，可依次选择右上角的"电话视图"和"Web视图"选项。

此时，Power BI会自动保存手机布局。

 商务实战演练

一、发布数据到Power BI服务中

（1）双击"产品价格表.pbix"文件。

（2）单击"主页"选项卡中的"发布"按钮，将"产品价格"报表发布到Power BI服务中，如图6-2-32所示。

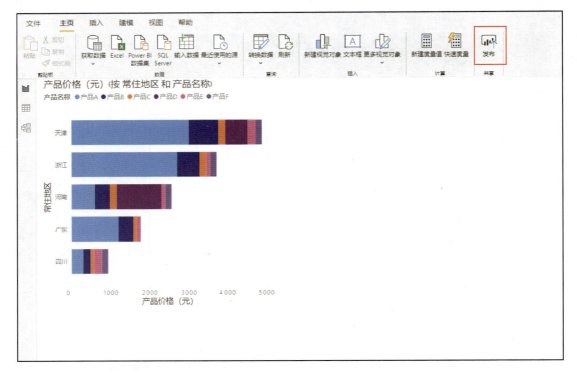

图6-2-32

（3）选择"我的工作区"，单击"选择"按钮完成操作，如图6-2-33所示。

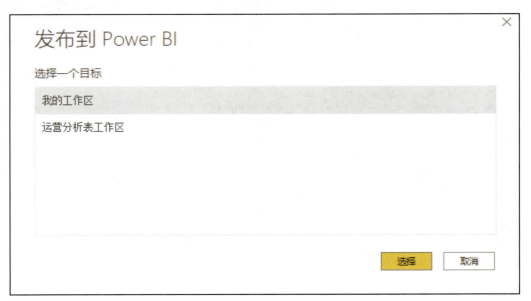

图6-2-33

需要注意的是，可以提前在Power BI服务中设置工作区，在新设置的工作区中可以更好地设置权限、链接，以便管理发布内容。

发布完成后显示"成功！"，如图6-2-34所示。

图6-2-34

二、通过报表编辑仪表板

（一）编辑报表

（1）单击Power BI 服务中的"编辑报表"按钮进入编辑状态，如图6-2-35所示。

（2）可以看到Power BI 服务的功能界面与Power BI Desktop相近，类似于网页版的Power BI Desktop，在其中可以使用各种视觉化组件，调整字段所在的位置，如图6-2-36所示。

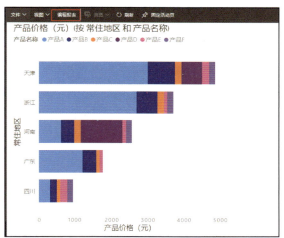

图6-2-35

图6-2-36

（二）制作仪表板

（1）在图表中单击"固定视觉对象"按钮，如图6-2-37所示。

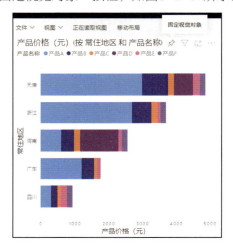

图6-2-37

（2）在弹出的对话框中选中"新建仪表板"单选项，并在"仪表板名称"文本框中输入"产品价格"，单击"固定"按钮，如图6-2-38所示。

图6-2-38

（3）在弹出的对话框中，单击"转至仪表板"按钮，如图6-2-39所示。

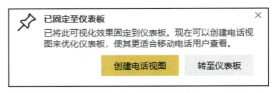

图6-2-39

（三）编辑电话仪表板

（1）我们可以直接看到仪表板的视图，如果以后想要使用，可以单击"我的工作区"下拉菜单中的"产品价格"仪表板，如图6-2-40所示。

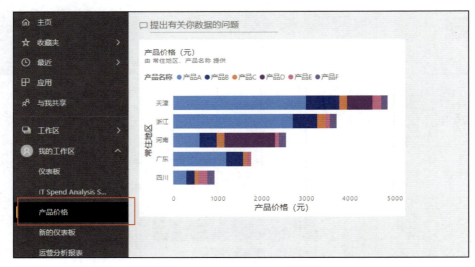

图6-2-40

（2）选择"电话视图"选项，将Web视图转变为电话视图，如图6-2-41所示。

图6-2-41

可以通过拖动下拉图标，调整视图大小，如图6-2-42所示。

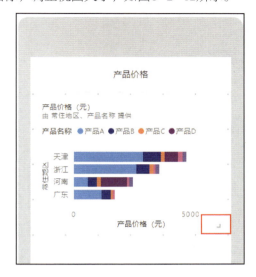

图6-2-42

任务三　使用自然语言问答及快速见解

 典型工作任务

在线的Power BI仪表板受到了同事们的一致好评，这让晓安倍受鼓舞，但是他的领导在肯定他工作的同时，也给了他新的任务。这位领导在使用仪表板的时候，表示可以比较清晰地看到晓安展现的数据，对企业各个产品的价格和销售情况有一个比较清楚的了解，但是想继续了解一些详细的信息，就不知道该怎么办了。

微软系统针对不同使用者浏览仪表板时的需求，开发了自然语言问答，使用者通过简单的几个短语甚至自然的语言提问，就可以从Power BI服务中自动得出想要的答案。晓安决定在给领导报送报表之前，抓紧补足自然语言问答这门功课。

 技术知识储备

一、问答视觉对象

（一）什么是Q&A（问答）可视化效果？

使用Q&A视觉对象，用户可以提出自然语言问题并以视觉对象的形式获得答案，如图6-3-1所示。

Q&A视觉对象既是允许"使用者"快速获取其数据答案的工具，又可以由设计人员通过双击报表上的任意位置并使用自然语言在报表中创建视觉对象。与其他视觉对象一样，Q&A视觉对象可以进行交叉筛选/交叉突出显示，并且支持书签。Q&A视觉对象还支持Power BI提供的主题和其他默认格式选项。

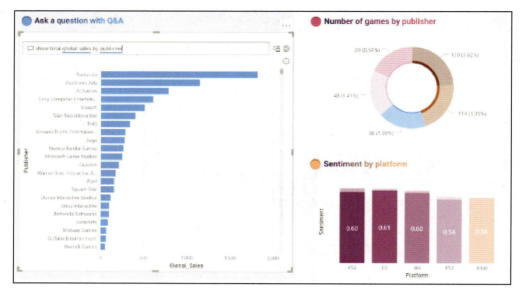

图6-3-1

Q&A视觉对象由以下四个核心部分组成。

（1）问题框。在这里，使用者输入他们的问题，问题框会向他们显示帮助完成问题的建议，如图6-3-2所示。

图6-3-2

（2）建议问题的预填充列表，如图6-3-3所示。

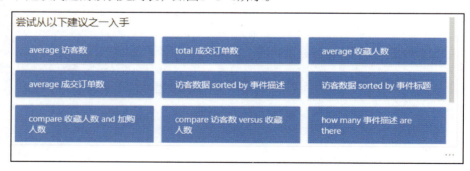

图6-3-3

（3）将Q&A视觉对象转换为标准视觉对象的图标 。

（4）用于打开Q&A工具的图标，使设计人员能够配置基本的自然语言引擎 。

（二）先决条件

（1）本书使用"流量分析表Power BI X文件"。

（2）在Power BI Desktop菜单栏的左上部分，选择"文件"＞"打开"命令。

（3）查找"流量分析表Power BI X文件"的副本。

（4）在报表视图中打开文件 。

（5）单击 按钮，以添加新报表页。

（三）使用建议的问题（英文）创建Q&A视觉对象

在本练习中，我们将选择一个建议的问题来创建Q&A视觉对象。

（1）从空白的报表页面开始，然后从"可视化"窗格中选择"Q&A视觉对象"图标，如图6-3-4所示。

（2）拖动边框以调整视觉对象大小，如图6-3-5所示。

图6-3-4

图6-3-5

（3）若要创建视觉对象，可选择建议的问题之一或开始在问题框中键入内容，如图6-3-6所示。

（四）使用自然语言查询创建Q&A视觉对象

在上面的示例中，我们选择了一个建议的问题来创建Q&A视觉对象。在此练习中，我们将键入自己的问题。键入问题时，Power BI会帮助我们自动完成，并给出建议和反馈。

图6-3-6

（1）在"Q&A"字段中键入问题：what are the成交订单数by流量结构 来源明细。

通常情况下，以"what are the"提问，首先要选取一个"值字段"，然后在by后面跟进一个行字段，如图6-3-7所示。

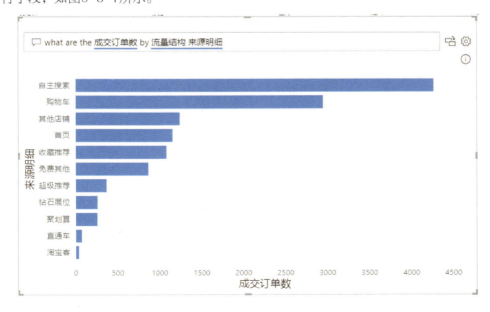

图6-3-7

需要注意的是，Power BI在其无法识别的字词上添加了红色下画线。只要有可能，Power BI都会帮助定义无法识别的字词。

（2）尝试这种值字段加行字段内容。

在"访客数据"表中，日期属于行字段内容，用于展示发生销售的日期，访客数是一个值字段内容，我们尝试使用同样的句式：what are the "值字段" by "行字段"，如图6-3-8所示。

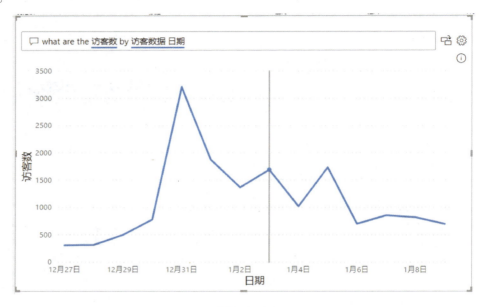

图6-3-8

（3）尝试改变图表形态。

常用图表形态，也可以用代码的形式来展现，包括表格、透视表、饼图等，如图6-3-9所示。

图6-3-9

输入"what are the访客数by访客数据 日期by column"，可得到柱形图，如图6-3-10所示。

需要注意的是，"问答"根据所显示的数据选择最佳视觉对象。例如，数字可能显示为折线图，而城市则更有可能显示为地图。

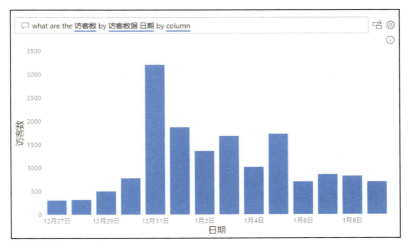

图6-3-10

（五）问答识别的字词和术语

确定Power BI是否识别某关键字的最佳方式是将它键入问题框。如果字词或术语变暗，表明Power BI无法识别它。虽然表6-3-1中的关键字使用了单数形式和一般现在时时态，但所有时态和复数形式都可识别。

表6-3-1

类别	关键字
聚合	total、sum、amount、number、quantity、count、average、most、least、fewest、largest、smallest、highest、biggest、maximum、max、greatest、lowest、littlest、minimum、min
比较	vs、versus、compared to、compared with
日期	day、week、month、year、quarter、decade等
相对日期	today、right now、current time、yesterday、tomorrow、the current、next、the coming、last、previous、ago、before now、sooner than、after、later than、from、at、on、from now、after now、in the future、past、last、previous、within、in、over、Ndays ago、Ndays from now、next、once、twice。示例：过去6天的订单数
查询命令	sorted、sort by、direction、group、group by、by、show、list、display、give me、name、just、only、arrange、rank、compare、to、with、against、alphabetically、ascending、descending、order
范围	greater、more、larger、above、over、>、less、smaller、fewer、below、under、<、at least、no less than、>=、at most、no more than、<=、in、between、in the range of、from、later、earlier、sooner、after、on、at、later than、after、since、starting with、starting from、ending with
时间	AM、PM、o'clock、noon、midnight、hour、minute、second、hh:mm:ss。示例：10PM、10:35PM、10o'clock、noon、midnight、hour、minute、second

（六）可供参考的主要术语

在实际使用中，通过一些关键术语加字段名称或者度量值，可以有效地展现问答内容。常见的问答类型主要有以下几个方面。

（1）"Show<表名>"，展示某一张表。

（2）"<度量值>by<字段>"，展示某一字段的度量值。

（3）"<度量值>by<字段>for<具体条件>"，展示某一字段在某筛选条件下的度量值。

（4）"Showas<Table, map, line chart>"，用什么类型的图表展现。

（5）"Sortby<字段>"，排序某一字段。

（6）"Show<字段>，where<字段>is before/between/less than"，在某一字段的筛选条件下展现某一字段。

二、使用教授"问答"功能以理解内容

在问答设置的"教授'问答'"部分，用于帮助用户理解自然语言问题和未识别的术语。首先提交包含教授"问答"不可识别的一个或多个单词的问题，教授"问答"稍后会提示定义该术语；然后可输入与上述单词所代表的内容相对应的筛选器或字段名称；最后教授"问答"将重新解释原问题，如果用户对结果满意，可将其保存。

（一）启用

（1）在Power BI Desktop的"建模功能区"，依次选择"问答设置"＞"教授'问答'"，如图6-3-11所示。

图6-3-11

（2）输入一句包含问答不能识别术语的句子，单击"提交"按钮，如"show淘宝买家"，如图6-3-12所示。

（3）将"淘宝买家"定义为"访客数"，如图6-3-13所示。

（4）单击"保存"按钮后，预览更新后的视觉对象。

（5）输入下一个问题，或单击×按钮，关闭页面。

图6-3-12

16000

图6-3-13

（二）定义名词同义词

教授"问答"能够定义回答两种类型的术语，分别是名词和形容词。

在处理数据时，通常可能会使用其他名称指代的字段名称，如"销售额"。很多词语都可以指代销售额，如"收入"。如果一个列被命名为"销售额"，而报表使用者键入"收入"，则教授"问答"可能无法选择正确的列来回答问题。在这种情况下，需要告诉教授"问答"，"销售额"和"收入"是一回事。

教授"问答"使用Microsoft Office提供的知识自动检测未识别的单词是否为名词，如果教授"问答"检测到名词，它会提示你执行以下操作，如图6-3-14所示。

图6-3-14

（三）定义形容词

有时可能需要定义充当基础数据筛选条件的术语，如"优秀发布者"。"优秀发布者"这一条件可用于选出发布了X个产品的发布者。教授"问答"会尝试检测形容词，并显示不同的提示，如图6-3-15所示。

图6-3-15

可定义的条件的示例如下。

"国家/地区"是"中国"。

非"中国"的"国家/地区"。

'Weight'>2000。

'Weight'=2000。

'Weight'<2000。

只能在工具中定义单个条件。要定义更复杂的条件，可使用DAX创建计算列，然后使用"工具"部分为该计算列创建单个条件。

商务实战演练

晓安想向自己的同伴介绍不同省份、不同职业的订单情况，方便用户快速定位数据，那么该如何使用Power BI服务完成自然语言问答呢？

（1）打开"产品价格表.pbix"文件。

（2）在"可视化"窗格中，单击 ⬚ 按钮，激活对话框。

（3）输入"订单数量""常住地区""客户职业"三个字段名称，显示不同地区订单数量情况，如图6-3-16所示。

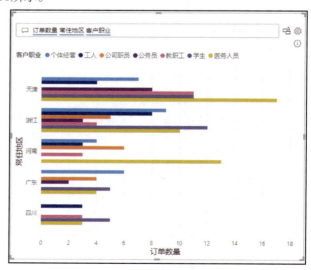

图6-3-16

（4）单击"发布"按钮，上传到Power BI服务中。

任务四　分享仪表板与多人协作

典型工作任务

晓安将已发布的仪表板共享给自己的同事。

技术知识储备

一、共享Power BI

（一）常见的几种共享方式

如果已经创建好仪表板和报表，可能也会和同事协作处理它们。现在想让其他人有访问权限，可以采用以下几种分享协作方式。

（1）在工作区中与同事进行协作，创建有价值的仪表板和报表。

（2）将这些仪表板和报表打包为应用，并将其分发到更大的组或整个组织。

（3）创建共享数据集，以便同事可以在其工作区中将共享数据集用作自己的报表的基础。

（4）通过服务或Power BI移动应用与几位用户共享仪表板或报表，如图6-4-1所示。

（5）从Power BI移动应用中添加批注并共享。

（6）在Microsoft Teams中嵌入报表。

（7）打印报表。

（8）在安全门户或公共网站中嵌入报表。

（9）创建模板应用，以便通过Microsoft AppSource将其分发给外部的Power BI用户。

无论选择哪个选项，都需要Power BI Pro许可证才能共享内容。

图6-4-1

需要注意的是，以上工作都需要使用Power BI Pro许可证，否则会导致大部分功能无法使用。

（二）共享仪表板和报表的注意事项

（1）无论是在组织内还是在组织外共享内容，用户都需要一个Power BI Pro许可证。

（2）可以从Power BI服务中的大多数位置中共享仪表板和报表："收藏夹""最近""我的工作区"，以及"与我共享"（如果所有者允许）。如果用户是其他工作区中的管理员、成员或参与者的角色，则还可以从该工作区进行共享。

（3）用户在共享仪表板或报表时，可与共享人员查看并交互，但不能编辑仪表板或报表。除非应用行级别安全（Row-Level Security，RLS），否则其他人员会看到你在仪表板或报表中看到的数据。如果你允许，与你共享的人员还可以与其他人员共享。组织外的人员可以查看仪表板或报表并与之交互，但不能共享仪表板或报表。

（4）不能直接通过Power BI Desktop进行共享。将报表从Power BI Desktop发布到Power BI服务中的同时，可通过Power BI移动应用共享仪表板。

（三）共享仪表板或报表

（1）在仪表板或报表列中，或在打开的仪表板或报表中，单击"共享"按钮 ↗，如图6-4-2所示。

图6-4-2

（2）在"共享仪表板"对话框中，输入个人、通信组或安全组的完整电子邮件地址，不能与动态通信组列表共享。用户可以与地址在组织外部的人员进行共享，但会看到一条警告，如图6-4-3所示。

需要注意的是，输入框最多支持输入100个单独的用户或组。

（3）如果需要，可添加一条消息（可选），提醒用户具体如何使用该仪表板。

（4）若要允许同事与他人共享内容，可选中"允许收件人共享你的仪表板"复选框。

（5）允许他人共享称为重新共享。如果用户允许，则他人可以通过Power BI服务和移动应用重新共享，或将电子邮件邀请转发给组织中的其他用户。该邀请将在一个月

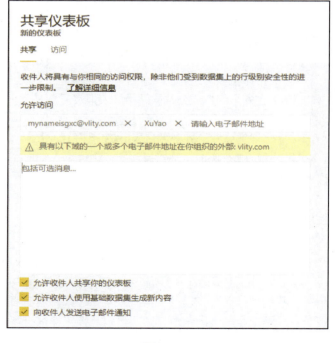

图6-4-3

后过期，此时组织外的用户无法重新共享，而内容的所有者可以关闭重新共享，或者逐个撤销重新共享。

（6）如果选中"允许收件人使用基础数据集生成新内容"复选框，则收件人可基于此仪表板的数据集在其他工作区中自行创建报表，阅读有关基于来自不同工作区的数据集创建报表的详细信息。

Power BI将带有指向共享内容链接的电子邮件邀请发送给个人（而非组），此时会看到成功通知，如图6-4-4所示。

图6-4-4

当组织中的收件人单击该链接时，Power BI会将仪表板或报表添加到他们的"与我共享"界面中。他们可以通过选择名字查看共享的所有内容，如图6-4-5所示。

图6-4-5

（四）查看哪些人有权访问仪表板或报表

有时，需要查看共享的人员，并了解他们的共享对象，如图6-4-6所示。

（1）在仪表板或报表列中，或在打开的仪表板或报表中，单击"共享"按钮 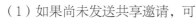。

（2）在"共享仪表板"或"共享报表"对话框中，选择"访问权限"。

（五）停止或更改共享

只有仪表板或报表所有者可以打开和关闭重新共享。

图6-4-6

（1）如果尚未发送共享邀请，可在发送之前取消选中"允许收件人共享你的仪表板"复选框。

（2）如果已共享仪表板或报表，可在仪表板或报表列中，或在打开的仪表板或报表中，单击"共享"按钮。在"共享仪表板"或"共享报表"对话框中，选择"访问权限"选项。

单击"阅读并重新共享"旁边的 ⋯ 图标，如图6-4-7所示，并进行如下操作。

① 选择"读取"选项，以防止该用户与其他人进行共享。

② 选择"删除访问权限"选项，以防止该用户查看共享内容。

在"撤销访问权限"对话框中，决定是否要同时删除对相关内容（如报表和数据集）的访

问权限。如果删除带有警告图标 ⚠ 的选项，则最好还应删除相关内容。否则，它将无法正常显示，如图6-4-8所示。

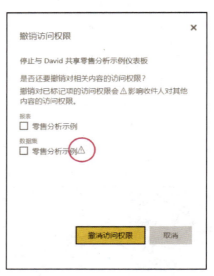

图6-4-7   图6-4-8

二、在工作区中协作

当团队面临共同的协作工作时，需要访问同一个文档，在Power BI工作区中，团队能够共享其仪表板、报表、数据集和工作簿的所有权及管理权。Power BI用户组有时根据组织结构组织其工作区，而在其他时候为特定项目创建工作区。仍有一些组织使用多个工作区存储所用报表或仪表板的不同版本。

根据工作区提供的角色确定同事拥有的权限，可使用这些角色来确定可以管理整个工作区或编辑其内容及分发其内容的人员，如图6-4-9所示。

图6-4-9

可以将内容放在"我的工作区"中并进行共享。但是，"工作区"比"我的工作区"更适用于协作，因为前者允许共同拥有内容。在"工作区"里，用户和整个团队可以轻松进行更新或为其他人授予访问权限。"我的工作区"更适合放一些一次性的内容或个人的内容。

需要注意的是，如果要分享内容，应把文件放在"工作区"中。

（一）创建新的工作区

Power BI引入了新工作区体验。新工作区仍是与同事协作创建仪表板、报表和分页报表的集合的地方，然后可将该集合捆绑到应用，并可将该应用分发到整个组织中，或分发给特定的人员或组。

在新工作区中，可以将工作区角色分配给用户组：安全组、通信组列表、Office365组和个人。

在Power BI中创建工作区，无须创建Office365组。

使用更精细的工作区角色，在工作区中实现更灵活的权限管理，具体操作如下。

（1）创建工作区。选择"工作区"选项，单击"创建工作区"按钮，如图6-4-10所示。

（2）为工作区命名。如果命名不可用，则对其进行编辑以给定一个唯一名称，如图6-4-11所示。

图6-4-10

图6-4-11

（3）下面是可以设置工作区的一些可选项。

上传工作区图像，文件可以是.png或.jpg格式，文件大小必须小于45KB。

添加联系人列表，默认情况下，工作区管理员是联系人。

（4）查看创建的工作区。

Power BI创建工作区并将其打开，可以在所属的工作区列表中看到它，如图6-4-12所示。

（二）将现有数据发布到新工作区中

（1）在Power BI Desktop界面中，选择现有数据，单击"发布"按钮，如图6-4-13所示。

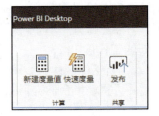

图6-4-12   图6-4-13

（2）所选数据即可发布到"运营分析表工作区"选项中，如图6-4-14所示。

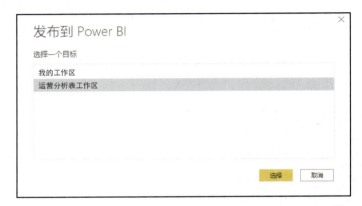

图6-4-14

（3）选择"运营分析报表"选项，单击"创建"按钮，如图6-4-15所示。

选择创建报表所需的数据集				
🔍 搜索				所有数据集 ▼
名称	认可	所有者	工作区	已刷新
运营分析报表		小城 谷	mynameisgxc@dingtalk.com	17 分钟前

创建   取消

图6-4-15

三、在经典工作区中协作

Power BI工作区是在仪表板、报表和数据集上与同事协作以创建应用的区域。

（一）对工作区中的Power BI Desktop文件展开协作

创建Power BI Desktop文件后，可以将其发布到工作区，以便工作区中的每个人都可以对其展开协作。

（1）在Power BI Desktop中，在"主页"选项卡中单击"发布"按钮，然后在"选择一个目标"列表框中选择"运营分析表工作区"选项，如图6-4-16所示。

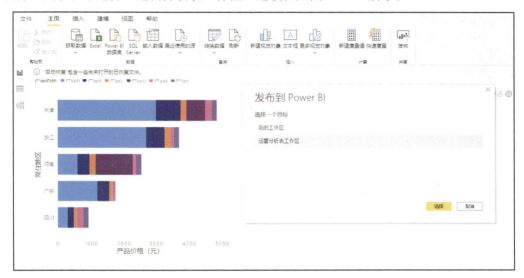

图6-4-16

（2）在Power BI服务中，选择"工作区"旁边的箭头，然后选择工作区，如图6-4-17所示。

图6-4-17

（3）选择"报表"选项卡，然后选择报表，如图6-4-18所示。

此处与Power BI中的任何其他报表一样。用户和工作区中的其他人都可以修改报表，并可将磁贴保存到所选择的仪表板上。

图6-4-18

（二）在Office365中展开协作

要在Office365中展开协作，可从Power BI中的经典工作区入手。

（1）在Power BI服务中，选择"工作区"旁边的箭头，然后单击工作区名称旁边的 ▤ 按钮，如图6-4-19所示。

（2）在下拉菜单中，可以通过以下几种方法来与组进行协作。

① 在Office365中建立组对话。

② 在组工作区日历上安排活动。

③ 当首次前往Office365中的组工作区时，可能需要一些时间。等候15到30分钟，然后刷新浏览器。

图6-4-19

项目小结

通过本项目的学习，读者应重点掌握以下知识。

（1）能够理解Power BI 服务的基本概念及功能。

（2）能够掌握制作Power BI服务的思路及原则。

（3）能够完成添加自然语言问答和交互。

（4）能够分享，并且适配移动端开展协作。

项目七 综合实战案例

职业能力目标

（1）具备数据可视化的能力，能够运用可视化工具——Power BI，依据图表选择原则，结合数据关系，创建可视化效果。

（2）具备初步建立数据分析模型的能力，能够根据电子商务运营项目需求，对相关分析数据进行建模。

（3）具备数据分析的能力，能理解数据指标的含义，根据运营项目需求，结合可视化图表，运用数据分析的方法与技巧，挖掘数据背后的价值和需求。

（4）具备综合分析的能力，能够结合电子商务运营项目现状，对行业发展相关数据、市场需求数据、竞争相关数据、产品运营数据以及客户行为数据等进行交叉、多维度综合分析，发现问题并提出相关运营建议。

（5）具备良好的数据保密意识和逻辑思维能力。

任务一　玩具市场行情分析

 典型工作任务

随着互联网的高速发展，越来越多的"80后""90后"群体逐渐成为母婴消费者，母婴电商行业迎来了新的发展契机。作为母婴产品消费大国，我国每年新增人口为1800万人左右，数字背后是巨大的孕婴童市场。岑兮想进入玩具市场，但是不知道目前玩具市场的生存空间和发展方向如何。请根据给出的市场数据进行分析，给出建议。

 技术知识储备

一、相关概念

（一）市场的含义

狭义的市场是指买卖双方进行商品交换的场所，广义的市场是指为了买和卖某些商品而与其他商家和个人相联系的商家和个人。

（二）市场规模的含义

市场规模即市场容量，研究市场规模主要是研究目标产品或行业的整体规模。决定市场规模和容量的三要素为购买者、购买力、购买欲望。通常来说，我们习惯将一定时间内，一个（类）产品或服务在某个范围内的市场销售额或成交量作为研究市场规模大小的重要方法。市场规模决定了市场的天花板，一般分析时可用市场规模和市场头部企业确定市场天花板。市场规模是评判行业的一个维度，但在进行商业层面分析时要注意不能单纯认为市场规模越大越好。市场规模的大小只是一种现状，如何选择市场或如何确定市场策略，需要结合企业的内外因素才可以准确判断。

二、分析方法和思路

（一）分析方法

本任务的分析主要用到对比法和排序法。

1．对比法

对比法也称对比分析法或者比较分析法，是指通过实际数与基数的对比提示实际数与基数之间的差异，借以了解经济活动的成绩和问题的分析方法。对比法分为横向对比和纵向对比两个方面。

2．排序法

排序法基于某一个度量值的大小，将观测值进行递增或递减的排列。排序法是从对比法中衍生的分析方法，能够让分析者快速获取目标价值信息。

（二）分析思路

1．分析行业市场规模、趋势以及季节波动性

采用玩具行业2016—2018年交易指数和销售额数据来分析玩具行业的市场规模，通过三

年的增长和增幅数据来分析玩具行业的发展趋势。我们选取"折线和簇状柱形图"来创建可视化效果，它们可以较好地反映玩具行业三年的变化情况，呈现增量和增幅的变化趋势，还能够同时呈现交易指数的增长和增幅情况。

采用玩具行业2016—2018年各月份的交易指数来分析玩具行业的季节波动性。我们选取"100% Stacked Bar Chart by Akvelon 1.2.3"来创建可视化效果，这样能够直观地呈现三年内各月份的交易指数占比，便于分析玩具行业市场需求的季节波动性。

2．分析玩具子行业市场规模

采用2016—2018年玩具子行业交易指数和销售额数据来分析玩具子行业的市场规模。我们选取"树状图"创建玩具子行业交易指数和销售额情况的可视化效果，能够直观地看出各玩具子行业的市场规模大小，并发现建构/拼插积木子行业的市场规模最大。

3．分析建构/拼插积木子行业市场规模和趋势

采用2016—2018年建构/拼插积木子行业的交易指数来分析其市场规模，通过交易指数三年的增长和增幅数据来分析建构/拼插积木子行业的发展趋势。我们选取"折线和簇状柱形图"来创建可视化效果，这样可以较好地对比三年内的变化情况，呈现建构/拼插积木子行业的交易指数增量和增幅的变化趋势。

采用建构/拼插积木子行业在2018年各月份的销售额环比、同比增长数据来分析该子行业市场需求的季节性波动情况。我们选取"折线和簇状柱形图"来创建可视化效果，这样可以较好地呈现2018年各月份销售额的环比、同比增长情况。

4．分析建构/拼插积木子行业的品牌状况和行业最佳价格波段

采用建构/拼插积木子行业各品牌产品的销售额数据来分析各品牌的市场份额和市场占比，了解建构/拼插积木玩具品牌的市场集中度。根据帕累托原则，我们选取"折线和簇状柱形图"来创建建构/拼插积木玩具品牌状况的可视化效果，即根据帕累托图，用柱形图呈现市场份额，用折线图呈现累计市场占比。

采用2018年建构/拼插积木子行业在不同价格区间的卖家数和销售额占比数据来分析最佳的价格波段，找到竞争相对较小而销售额较高的价格区间。我们选取"折线和簇状柱形图"来创建可视化效果，用柱形图呈现卖家数，用折线图呈现销售额占比。

 商务实战演练

一、分析行业市场规模、趋势以及季节波动性

（一）连接数据并完成数据预处理

将"玩具市场数据.xlsx"中的"玩具行业交易指数和增幅""玩具行业交易指数各月份占比""建构/拼插积木交易指数增幅"及"行业"四个子表加载到Power BI Desktop中，完成预处理。

将"建构/拼插积木2018年同比和环比.xlsx""品牌数据.xlsx"中的"品牌市场占比"子表以及"建构/拼插积木价格波段.xlsx"中的"价格区间与销售额、卖家数"子表加载到Power BI Desktop中，完成预处理。

（二）创建玩具行业2016—2018年交易指数和增幅、销售额和增幅的可视化效果

单击"可视化"窗格中的"折线和簇状柱形图"按钮，在"字段"窗格中勾选"玩具行业交易指数和增幅"表格中的"交易指数""交易指数增幅"及"年份"字段，在"可视化"窗格中将"共享轴"设为"年份"、"列值"设为"交易指数"、"行值"设为"交易指数增幅"（见图7-1-1），然后在格式中添加数据标签，呈现效果如图7-1-2所示。

图7-1-1

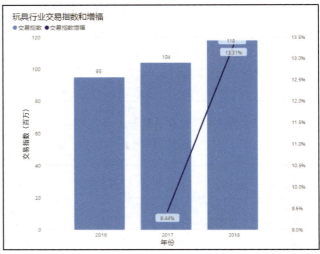

图7-1-2

采用同样的方法，在"字段"窗格中勾选"玩具行业交易指数和增幅"表格中的"销售额""销售额增幅"以及"年份"字段，在"可视化"窗格中将"共享轴"设为"年份"、"列值"设为"销售额"、"行值"设为"销售额增幅"（见图7-1-3），然后在格式中添加数据标签，呈现效果如图7-1-4所示。

图7-1-3

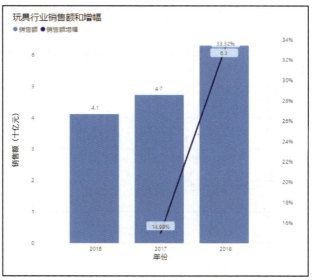

图7-1-4

（三）创建玩具行业销售额季节波动情况的可视化效果

在"自定义视觉对象"中添加"100% Stacked Bar Chart by Akvelon 1.2.3"，然后单击

"可视化"窗格中的"100% Stacked Bar Chart by Akvelon 1.2.3"按钮，在"字段"窗格中勾选"玩具行业交易指数各月份占比"表格中的"1月"～"12月"字段和"年份"字段，在"可视化"窗格中将"Axis"设为"年份"、"Value"设为1月～12月数值（见图7-1-5），并将图表标题修改为"玩具行业各月份交易指数占比"，呈现效果如图7-1-6所示。

图7-1-5

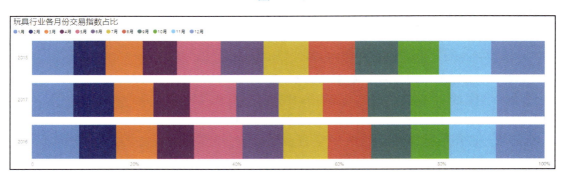

图7-1-6

将三个可视化视觉对象做好以后，在报表画布中对其进行布局，如图7-1-7所示，并将报表画布命名为"玩具行业市场规模"。

（四）分析结论与决策

（1）2016—2018年，玩具行业交易指数和销售额连续三年均呈现增长趋势，交易指数和销售额增幅连续两年大幅增长，说明玩具行业市场发展趋势较好，前景不错。

（2）2016—2018年，玩具行业各月份销售额占比的情况分析表明，玩具行业并没有明显的季节性，没有季节性的产品竞争大，网店运营初期成本高，但是推起来后可以持续盈利。

综合以上分析可知，玩具行业是一个前景不错的行业，可以考虑进入，不过玩具市场的发展方向还需要进一步研究。

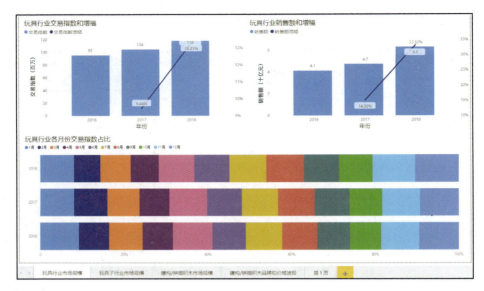

图7-1-7

二、分析玩具子行业市场规模

（一）创建玩具子行业交易指数的可视化效果

新建报表画布，并将其命名为"玩具子行业市场规模"。单击"可视化"窗格中的"树状图"按钮，在"字段"窗格中勾选"行业"表格中的"交易指数"和"子行业"字段，在"可视化"窗格中将"组"设为"子行业"、"值"设为"交易指数"（见图7-1-8），呈现效果如图7-1-9所示。

（二）创建玩具子行业销售额的可视化效果

采用同样的方法，在"字段"窗格中勾选"行业"表格中的"销售额"和"子行业"字段，在"可视化"窗格中将"组"设为"子行业"、"值"设为"销售额"，并将销售额的值设置为

图7-1-8

"求和"（见图7-1-10），呈现效果如图7-1-11所示。两个可视化视觉对象做好以后，在报表画布中对其进行布局，如图7-1-12所示。

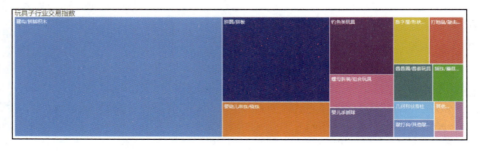

图7-1-9

图7-1-10

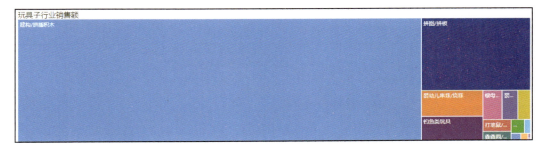

图7-1-11

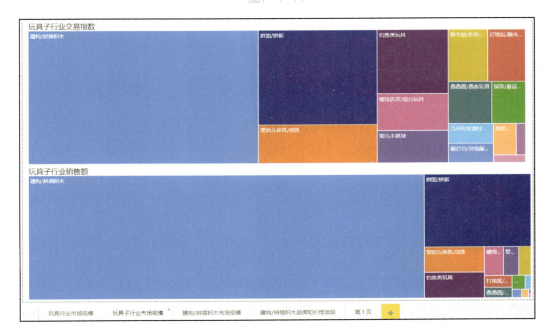

图7-1-12

（三）分析结论与决策

（1）在2016—2018年玩具子行业的交易指数中，建构/拼插积木子行业在三年中的交易指数是最高的，交易指数占比连续三年均在40%以上，说明建构/拼插积木子行业交易热度高。

（2）在2016—2018年玩具子行业的销售额中，建构/拼插积木子行业在三年中的销售额是最高的，销售额占比连续三年均在70%以上，大大高于其他玩具子行业，说明建构/拼插积木子行业需求量大，市场广阔。

综合以上分析可知，建构/拼插积木子行业是玩具市场行业发展的一个大方向，如果想进入，还要进一步研究发展空间和市场竞争情况。

三、分析建构/拼插积木子行业市场规模和趋势

（一）创建建构/拼插积木子行业2016—2018年交易指数增长和增幅的可视化效果

新建报表画布，并将其命名为"建构/拼插积木市场规模"。单击"可视化"窗格中的"折线和簇状柱形图"按钮，在"字段"窗格中勾选"建构-拼插积木交易指数增幅"表格中的"交易指数""增幅"以及"年份"字段，在"可视化"窗格中将"共享轴"设为"年份"、"列值"设为"交易指数"、"行值"设为"增幅"，并且将"交易指数"和"增幅"的值设为"求和"（见图7-1-13），然后在格式中添加数据标签，呈现效果如图7-1-14所示。

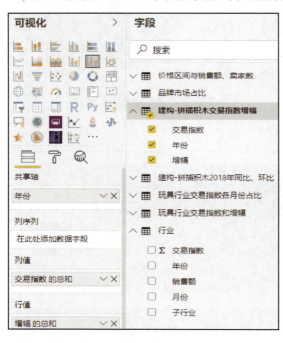

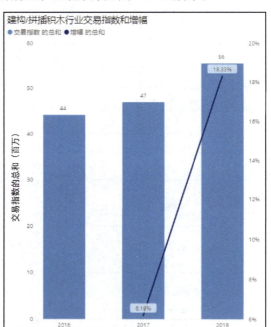

图7-1-13

图7-1-14

（二）创建建构/拼插积木子行业2018年销售额环比、同比增长情况的可视化效果

单击"可视化"窗格中的"折线和簇状柱形图"按钮，在"字段"窗格中勾选"建构-拼插积木2018年同比、环比"表格中的"2018年销售额""环比""同比"以及"月份"字段，在"可视化"窗格中将"共享轴"设为"月份"、"列值"设为"2018年销售额"、"行值"设为"环比"和"同比"（见图7-1-15），呈现效果如图7-1-16所示。两个可视化视觉对象做好以后，在报表画布中对其进行布局，如图7-1-17所示。

图7-1-15

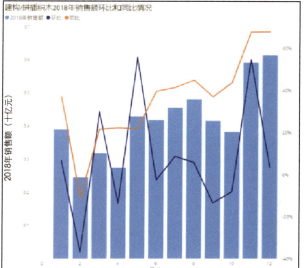

图7-1-16

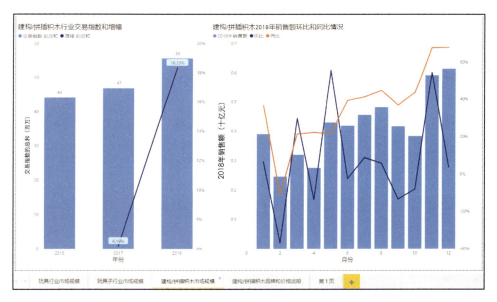

图7-1-17

（三）分析结论与决策

（1）从2017—2018年玩具子行业的交易指数增幅和销售额增幅图表可知，建构/拼插积木子行业的交易指数增幅和销售额增幅均连续两年增长，2018年的交易指数增幅和销售额增幅均是2017年的3倍，说明建构/拼插积木子行业发展快，有增长空间。

（2）建构/拼插积木子行业在2018年2月以后的各月份销售额较2017年同期均增长，增长率逐月递增。2018年1月销售额较2017年同期是增长，但是2月销售额较同期是负增长。通过2018年各月份销售额环比分析，发现3月、5月以及11月出现相对较大幅度的增长，但是最高增幅不超过60%，最低跌幅不超过40%，波动并不算太大，说明建构/拼插积木子行业市场需求季节性不强。

综合以上分析，选定以建构/拼插积木子行业作为玩具选品类目。

四、分析建构/拼插积木子行业的品牌状况和行业最佳价格波段

（一）创建建构/拼插积木玩具的品牌状况的可视化效果

　　新建报表画布，并将其命名为"建构/拼插积木品牌和价格波段"。单击"可视化"窗格中的"折线和簇状柱形图"按钮，在"字段"窗格中勾选"品牌市场占比"表格中的"累计市场占比""销售额"及"品牌"字段，在"可视化"窗格中将"共享轴"设为"品牌"、"列值"设为"销售额"、"行值"设为"累计市场占比"（见图7-1-18），呈现效果如图7-1-19所示。

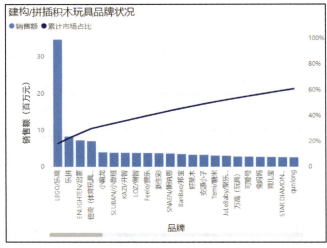

图7-1-18　　　　　　　　　　　　　　　　图7-1-19

（二）创建建构/拼插积木不同价格区间的卖家数和销售额占比情况的可视化效果

　　单击"可视化"窗格中的"折线和簇状柱形图"按钮，在"字段"窗格中勾选"价格区间与销售额、卖家数"表格中的"卖家数""售价区间"及"销售额占比"字段，在"可视化"窗格中将"共享轴"设为"售价区间"、"列值"设为"卖家数"、"行值"设为"销售额占比"（见图7-1-20），呈现效果如图7-1-21所示。两个可视化视觉对象做好以后，在报表画布中对其进行布局，如图7-1-22所示。

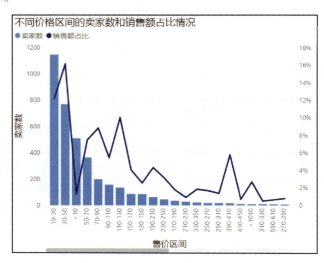

图7-1-20　　　　　　　　　　　　　　　　图7-1-21

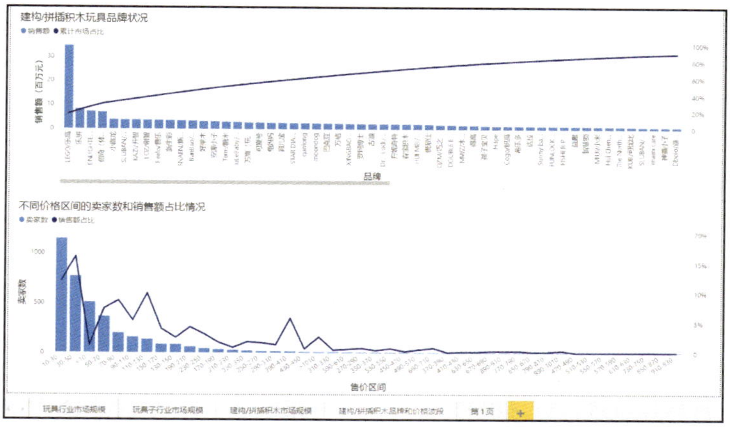

图7-1-22

（三）分析结论与决策

（1）2018年，建构/拼插积木子行业104个品牌的市场集中度（赫芬达尔指数）为0.046，其中前40个品牌占据了市场80%以上的份额，说明品牌处于自由竞争状态，但是前10个品牌中LEGO/乐高的市场份额为18.16%，具有明显的品牌优势，说明消费者对品牌的认知正在加强，故在进入建构/拼插积木子行业时应注重品牌打造，提升客户黏性。

（2）2018年，在建构/拼插积木子行业各价格区间销售占比和卖家数中，价格区间是30～50元的产品的销售额占比最高，为16.15%，产品的卖家第二多；其次是10～30元的产品的销售额占比，为12.16%，产品的卖家最多，有1148个卖家。而110～130元产品的销售额占比为10.03%，卖家只有136个，70～90元产品的销售额占比为8.83%，卖家只有199个。由此可知，后两个价格区间是市场占比较高、竞争相对较小的领域，可以继续研究。

任务二　竞品分析

典型工作任务

岑兮精心挑选了一款建构/拼插积木玩具，并于2019年11月初在网店进行销售。产品上架后出单较快，并且连续三个月销量稳步提升。

2020年2月以来，店铺的销量增速放缓，日均销量逐渐稳定在50单左右，很难突破。岑兮想弄清楚销量遇到瓶颈的原因，于是他找了一款竞品（"竞争产品"的简称）进行分析。请根据给出的竞品数据进行分析，给出建议。

技术知识储备

一、相关概念

（一）竞品分析的维度

竞品分析的维度包含且不局限以下几点。

（1）所属类目：产品发布的类目路径，用于判断产品是否在同一个领域，不同类目属于不同的领域。

（2）主打卖点：商家设置的产品卖点，在前端页面显示出来，用于掌握竞品的核心卖点。

（3）月销量：近30天的销售（件）数，在前端页面显示出来。

（4）总销量：产品上架以来所有的销量，用于了解竞品的销售情况。

（5）评价人数：产生评价行为的客户数量，在前端页面显示出来。

（6）活动促销：产品的促销信息，用于了解竞品的促销情况。

（7）"宝贝"价格：产品的一口价以及折扣价信息，在前端页面显示出来。

（8）"宝贝"收藏人数：收藏的人气数，在前端页面显示出来。

（9）"宝贝"创建时间：商家在后台创建"宝贝"的时间。

（10）月销售额：根据销量和价格计算的销售额。

（11）服务承诺：产品给消费者提供的服务承诺。

（二）竞品分析

竞品是竞争对手的产品，竞品分析是指对竞争对手的产品进行比较分析。

（三）价格波动

价格波动是指价格因生产成本和供求关系而出现上下涨落的现象。商品价格由生产商品的成本和利税构成，价格形成还受供求状况的影响。由于产品生产成本和市场供求关系是经常变化的，这就决定了价格会经常上下波动，而不可能是固定不变的。

（四）价格的调整规则

商品的价格一般分为一口价和折扣价，修改一口价对商品的权重影响很大，因此一口价一般是不改的；而修改折扣价对权重的影响较小，因此改价一般是指修改折扣价。

折扣价的调整有两个方向：涨价和降价，两种方式的影响不同，降价的影响较小，但是涨价的影响却很大。平台要避免出现用打低价爆单后涨价销售的情况，这种操作方式很容易影响消费者的体验感，进而挫伤消费者的购买积极性。

二、分析方法与思路

（一）竞品与本品的基本信息、销售额的对比分析

我们将本品与竞品的基本信息、销量以及销售额数据进行对比，分析两个产品的异同点和优劣势。选取"多行卡"创建本品与竞品的销量、成交额以及平均成交价对比的可视化效果，选取"表"创建本品与竞品的基本信息的可视化效果，选取"簇状柱形图"创建本品与竞品的直通车推广对比的可视化效果，选取"图像"插入本品与竞品的主图。

（二）竞品与本品的价格变动与评价的对比分析

我们将竞品与本品的评价人数和收藏人数进行对比，并选取"Table Heatmap 2.0.1"创建可视化效果。

我们将竞品与本品的评价标签进行对比，分析用户对产品的反馈，发现产品的优劣势，并选取"WordCloud 2.0.0"词云图创建可视化效果。

我们将竞品与本品的价格变动数据进行对比，分析产品的调价频率、幅度等信息，并选取"Pulse Chart 3.2.3"创建可视化对象。

商务实战演练

一、竞品与本品的基本信息、销售额的对比分析

（一）连接数据并完成数据预处理

将"竞品宝贝与本品宝贝对比分析.xlsx"中的"竞品—本品基本信息""竞品评价标签""本品评价标签"以及"竞品—本品推广"四个子表加载到Power BI Desktop中，再将"本品_607567778094_price_change.xlsx"和"竞品_607602831601_price_change.xlsx"加载到Power BI Desktop中，完成预处理。

（二）创建竞品与本品基本信息对比的可视化效果

单击"可视化"窗格中的"多行卡"按钮，在"字段"窗格中勾选"竞品—本品基本信息"表格中的"宝贝类别""月销量""月成交额（万元）"及"平均成交价（元）"字段（见图7-2-1），呈现效果如图7-2-2所示。

图7-2-1

竞品

13217
月销量

248.48
月成交额（万元）□

188
平均成交价（元）

本品

1624
月销量

25.00
月成交额（万元）□

158
平均成交价（元）

图7-2-2

单击"可视化"窗格中的"表"按钮，在"字段"窗格中勾选"竞品—本品基本信息"表格中的"宝贝标题""宝贝类别""创建时间""店铺类型""服务承诺1""服务承诺2""品牌"及"实际售价"字段，在"可视化"窗格中将"值"设为"宝贝类别""宝贝标题""实际售价""品牌""服务承诺1""服务承诺2""创建时间"及"店铺类型"（见图7-2-3），呈现效果如图7-2-4所示。

（三）创建竞品与本品销量、成交额对比的可视化效果

单击"可视化"窗格中的"簇状柱形图"按钮，在"字段"窗格中勾选"竞品—本品基本信息"表格中的"宝贝类别""月销量"及"总销量"字段，在"可视化"窗格中将"轴"设为"宝贝类别"、"值"设为"月销量""总销量"（见图7-2-5），呈现效果如图7-2-6所示。

单击"可视化"窗格中的"簇状柱形图"按钮，在字段窗格中勾选"竞品—本品推广"表格中的"宝贝类别"和"手淘直通车""天猫直通车""PC直通车"字段，在"可视化"窗格中将"轴"设为"宝贝类别"、"值"设为"手淘直通车""天猫直通车""PC直通车"（见图7-2-7），呈现效果如图7-2-8所示。

图7-2-3

宝贝类别	宝贝标题	实际售价	品牌	服务承诺1	服务承诺2	创建时间	店铺类型
竞品	儿童大颗粒积木桌子多功能宝宝益智力拼装玩具男孩女孩2动脑3-6岁	128-278	星涯优品	蚂蚁花呗｜信用卡支付	集分宝	2019/11/5	天猫
本品	儿童多功能大颗粒兼容乐高积木桌子宝宝益智力拼装玩具生日礼物	128-999	星涯优品	7天无理由｜运费险	集分宝｜支付宝支付	2019/11/8	淘宝

图7-2-4

图7-2-5

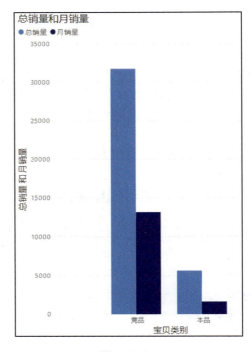

图7-2-6

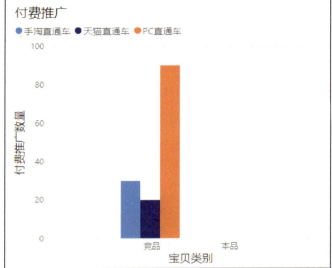

图7-2-7

图7-2-8

（四）创建竞品与本品主图的可视化效果

单击"主页"选项卡中的"图像"按钮（见图7-2-9），选取竞品的主图文件"竞品主图"并插入，然后在以同样的方法插入本品的主图文件"本品主图"，呈现效果如图7-2-10所示。五个可视化视觉对象做好以后，在报表画布中对其进行布局，如图7-2-11所示，并将报表画布命名为"竞品—本品基本信息和销售额对比"。

图7-2-9

图7-2-10

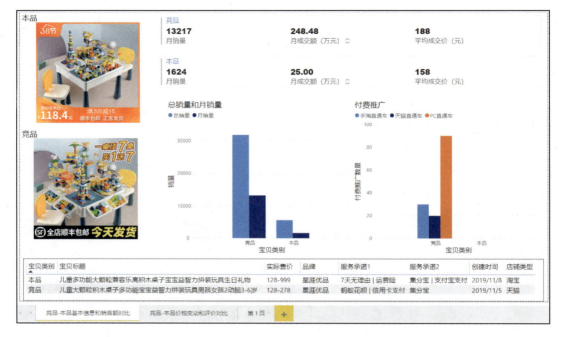

图7-2-11

（五）分析结论与决策

（1）从本品和竞品的主图可以看出，两个产品基本是同款，款式和颜色都一样，只是不同SKU（Stock Keeping Unit库存量单位）的组合有差异。主图中突出了顺丰包邮和正常发货的卖点，两个产品近30天内均是正常销售。此外，本品在主图上展示了"3·8节"活动优惠信息。

（2）本品和竞品的最低售价都是128元，品牌均为星涯优品，两个产品的标题关键词也非常类似，都有"儿童""多功能""大颗粒""积木桌子""宝宝益智""拼装玩具"，不同的是本品标题还突出了"兼容乐高"和"生日礼物"的卖点，竞品标题突出了"男孩""女孩""动脑"以及"3～6岁"的卖点。两个宝贝创建时间很接近，竞品创建时间比本品早三天。

（3）竞品的总销量是本品的5.6倍，月销量是本品的8.1倍，月成交额是本品的3.2倍。竞品的平均成交单价比本品高30元。结合产品各SKU售价分析，可知本品售价为158元的SKU比较受欢迎，竞品售价为188元的SKU比较受欢迎。本品和竞品除了基本款SKU组合相同，其他SKU的组合均不相同，这也是本品和竞品最大的差异。

（4）直通车以及PC直通车渠道。本品所属店铺是淘宝店铺，而且没有参加直通车推广活动。

综合以上分析，可以初步判断，竞品有天猫店优势，而且还参加了直通车推广，产品自上架以来销量增长迅速，占据了该产品的大量市场。

二、竞品与本品的价格变动与评价的对比分析

（一）创建竞品与本品的宝贝评价人数、收藏人数的可视化效果

新建报表画布，并将其命名为"竞品—本品价格变动和评价对比"。在"自定义视觉对象"中添加"Table Heatmap 2.0.1"，然后单击"可视化"窗格中的"Table Heatmap 2.0.1"按钮，在"字段"窗格中勾选"竞品—本品基本信息"表格中的"宝贝类别"和"评

价人数"字段，在"可视化"窗格中将"Category"设为"宝贝类别"，将"Y轴"设为"评价人数"（见图7-2-12），呈现效果如图7-2-13所示。

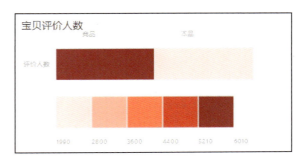

图7-2-12   图7-2-13

采用同样的方法，在"字段"窗格中勾选"竞品—本品基本信息"表格中的"宝贝类别"和"宝贝收藏人数"字段，在"可视化"窗格中将"Category"设为"宝贝类别"、"Y轴"设为"宝贝收藏人数"（见图7-2-14），呈现效果如图7-2-15所示。

图7-2-14   图7-2-15

（二）创建竞品与本品评价标签的可视化效果

单击"可视化"窗格中的"WordCloud 2.0.0"按钮，在"字段"窗格中勾选"本品评价标签"表格中的"标签"和"数量"字段，在"可视化"窗格中将"类别"设为"标签"、"值"设为"数量"（见图7-2-16），呈现效果如图7-2-17所示。

图7-2-16   图7-2-17

　　采用同样的方法，在"字段"窗格中勾选"竞品评价标签"表格中的"标签"和"数量"字段，在"可视化"窗格中将"类别"设为"标签"、"值"设为"数量"（见图7-2-18），呈现效果如图7-2-19所示。

图7-2-18   图7-2-19

（三）创建竞品与本品价格变动的可视化效果

　　在"自定义视觉对象"中添加"Pulse Chart 3.2.3"，然后单击"可视化"窗格中的"Pulse Chart 3.2.3"按钮，在"字段"窗格中勾选"本品_607567778094_price_change"表格中的"价格"和"日期"字段，在"可视化"窗格中将"时间戳"设为"日期"、"值"设为"价格"（见图7-2-20），呈现效果如图7-2-21所示。

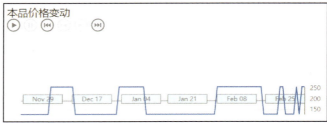

图7-2-20

图7-2-21

采用同样的方法，单击"可视化"窗格中的"Pulse Chart 3.2.3"按钮，在"字段"窗格中勾选"竞品_607602831601_price_change"表格中的"价格"和"日期"字段，在"可视化"窗格中将"时间戳"设为"日期"、"值"设为"价格"（见图7-2-22），呈现效果如图7-2-23所示。六个可视化视觉对象做好以后，在报表画布对其进行布局，如图7-2-24所示。

图7-2-22

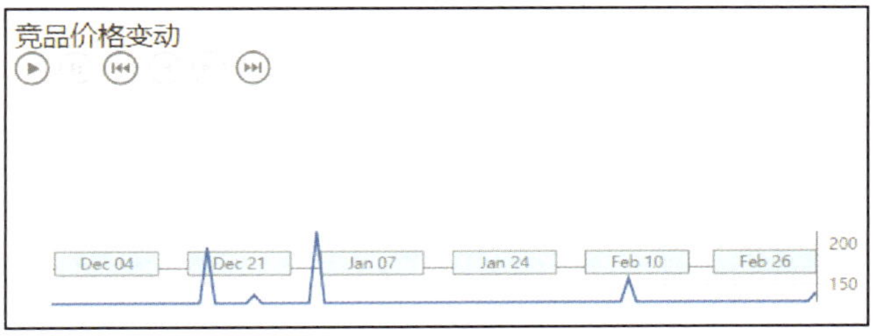

图7-2-23

（四）分析结论与决策

（1）竞品的宝贝评价人数为6012人，大约是本品的3倍；竞品的收藏人数为28412人，大约是本品的7倍，说明竞品在流量和访客数上，较本品有很大的优势。

（2）本品和竞品的评价标签中，最多的均是"材质不错"，其次是"做工不错"，说明本品和竞品的质量差别不大。本品的评价标签还有"物流快""操作容易"，说明本品的物流服务还是比较高效的；竞品的评价标签还有"颜色好看""性价比高"，说明客户觉得竞品性价比较高。

（3）本品在链接首页的价格调整比竞品频繁一些，主要是针对参加活动进行的调整。

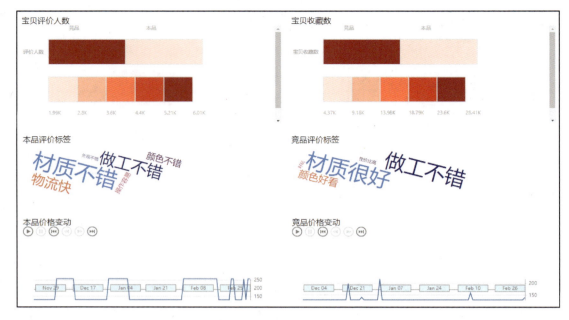

图7-2-24

（4）本品在引流方面较竞品少，不过本品和竞品的客户评价都较好，说明本品在产品质量和服务上与竞品差别不大。

综合以上分析，岑兮初步得出结论，本品的销量遇到瓶颈，主要原因是竞品在店铺和推广上有优势，获得了大量流量和市场。

任务三 竞店分析

 典型工作任务

岑兮通过竞品分析，初步得出结论，本品的销量遇到瓶颈，主要原因不是产品本身的问题，而是竞争对手抢占了流量和市场。要想提高销量，就要和竞争对手抢占流量和市场。于是，岑兮要继续分析竞品店铺（以下简称"竞店"）和其他销售类似产品的竞争店铺的销售情况。请根据给出的竞店群数据进行分析，给出建议。

 技术知识储备

一、相关概念

（一）竞争对手

竞争对手（简称"竞对"）是指在某一行业或领域中，拥有与我们相同或相似资源的个体（团体），并且该个体（团体）的目标与本企业相同，其产生的行为会给本企业带来一定的利益影响。企业要密切关注竞争环境的变化，从不同的角度，识别自己的竞争对手，了解自己的竞争地位和优劣势，关注竞争形势的变化，以更好地适应和赢得竞争。

（二）竞对的类型

对于不同的竞争对手，我们可以从不同的角度来划分竞对的类型。

（1）从行业的角度来看，竞对的类型有现有厂商、潜在加入者以及替代品厂商。

（2）从市场方面看，竞对的类型有品牌竞对、行业竞对、需要竞对（提供不同种类的产品，但均能满足和实现消费者某一需求的企业称为需要竞争对手）以及消费竞对（提供不同产品，满足消费者的不同愿望，但目标消费者相同的企业称为消费竞争对手）。

（3）从企业所处的竞争地位来看，竞对的类型有市场领导者、市场挑战者、市场追随者以及市场补缺者。

（三）竞店的宏观维度

竞店的宏观维度主要是基于竞店页面的展示数据汇总后的信息，包含店铺类型、信用等级、店铺粉丝数量、主营类目、商品数、"宝贝"数、销量、销售额、平均成交价、开店时间、滞销商品数、滞销"宝贝"数、动销率、好评率、DSR（Detail Seller Rating，卖家服务评级）。

（1）店铺类型：淘系店铺可分为天猫、天猫国际、淘宝企业店、淘宝个人店、淘宝全球购店铺。

（2）信用等级：基于评价数量的等级，淘系分为"心""钻""蓝冠""金冠"。

（3）店铺粉丝数量：用户关注店铺后即计为粉丝，一些官方活动对粉丝数量有要求。

（4）主营类目：店铺的主营类目是近期店铺销售额最大的类目。

（5）商品数和"宝贝"数："宝贝"数是以链接条数来计数的，商品数是以款式来计数的。

（6）销量：店铺"宝贝"销售件数的总和。

（7）销售额：分别将"宝贝"的销售（件）数乘以售价后得到的算术结果的总和。该数值不能去除打折优惠的这部分数据。

（8）平均成交价：平均成交（件）单价，销售额除以销售（件）数。

（9）开店时间：店铺开设的时间，老店有加权。

（10）滞销商品数和滞销"宝贝"数：分别以商品和"宝贝"来计数的滞销商品数量，滞销定义为近90天销量为0。

（11）动销率：近30天有销量的"宝贝"数除以总"宝贝"数量。

（12）好评率：好评数量÷总评价数量，淘宝店有好评率，天猫店没有好评率。

（13）DSR：服务体验、"宝贝"与描述相符、物流体验三项评价打分的数据，消费者可以打1～5分，DSR的算法是分数×打分比例。

二、分析方法和思路

（一）分析方法

1．店铺主要价格区间的分析方法

店铺的主要价格区间从以下3个指标来判断。

（1）商品数量：对应的价格波段中商品数量最多的，代表该店的主要布局。

（2）商品销量：对应的价格波段中商品销量最多的，代表消费者接受的程度。

（3）商品销售额：对应的价格波段中商品销售额最大的，代表对该店的业绩贡献。

2．竞对选择方法

从短期利益来看，选择实力较弱的竞争对手比选择较强的竞争对手进行竞争，取胜的把握更大一些，但是不利于提高企业自身的竞争能力。如果挑选过强的竞争对手，还会给企业带来很大的竞争风险，对此，一定要结合企业的战略目标和竞争策略进行综合考量。

企业在不同的阶段需要不同的竞争对手，竞争对手的选择需遵循以下3条原则。

（1）比自己优秀。

（2）可在中短期内超赶对方。

（3）与自己的定位相近的同行。

（二）分析思路

1．多竞店基本信息对比分析

将四个竞店与本店的基本信息进行对比，通过对"信用等级""创店时间""主营类目""粉丝数""店铺宝贝数（件）""服务态度评分""描述相符评分"以及"物流服务评分"等信息的分析，发现本店的优势和劣势。

选取"表"创建可视化效果，综合展示多竞店的基本信息，同时选取"簇状柱形图"创建多竞店店铺"宝贝"数的可视化效果，选取"簇状条形图"创建多竞店店铺粉丝数的可视化效果，选取"堆积柱形图"创建多竞店店铺动态评分的可视化效果，直观展示多竞店单项信息的对比。

2．多竞店近30天销售额和成交量对比分析

将四个竞店与本店近30天的销售额和平均成交价数据进行对比，分析各竞店的销售额规模和价格定位，并与本店进行对比分析。选取"折线和簇状柱形图"创建多竞店近30天的销售额和平均成交价的可视化效果，用柱形图呈现近30天的销售额，用折线图呈现平均成交价。

将四个竞店与本店近30天的销量和动销率数据进行对比，分析各竞店是否有滞销品类，品类布局是否合理，并与本店进行对比分析。选取"折线和簇状柱形图"创建多竞店近30天的销量和动销率的可视化效果，用柱形图呈现近30天的销量，用折线图呈现动销率。

将四个竞店与本店近30天的日均销售额和日均销量数据进行对比，分析各竞店的销售额与销量情况，并与本店进行对比分析。选取"折线和簇状柱形图"创建多竞店日均销售额和日均销量的可视化效果。

将四个竞店与本店"宝贝"的品牌（占比排名前三）分布数据对比，分析各竞店宝贝的品牌分布情况，主要分析占比排名前三的品牌，并与本店进行对比分析。选取"堆积柱形图"创建多竞店"宝贝"的品牌分布的可视化效果。

综合以上分析，选定"婴邦母婴专营店"作为本店的目标竞店，开展进一步的深入分析工作。

3．目标竞店和本店近30天销售额和销量对比分析

为突出显示并对比本店和目标竞店近30天的销售额、销量以及平均成交价格，选取"卡片图"创建可视化效果。

将本店和目标竞店近30天不同价位"宝贝"的销量数据进行对比，分析销量最好的价格区间。选取"散点图"创建建本店和目标竞店近30天不同价位"宝贝"的销量对比的可视化效果。

将本店和目标竞店子类目的销售额数据进行对比，分析销售额最高的产品类目。选取

"WordCloud 2.0.0"词云图创建本店和目标竞店子类目销售额对比的可视化效果。

4．目标竞店和本店不同价格范围"宝贝"对比分析

将本店和目标竞店近30天不同价格范围"宝贝"的数量、销量以及销售额的数据进行对比，分析店铺"宝贝"的布局是否合理。选取"饼图"创建目标竞店和本店不同价格范围"宝贝"的数量和销量占比的可视化效果，选取"表"创建目标竞店和本店不同价格范围"宝贝"的数量、销量以及销售额等信息的可视化效果。

5．目标竞店和本店不同销量范围"宝贝"对比分析

将本店和目标竞店近30天不同销量范围"宝贝"的数量、销量以及销售额的数据进行对比，分析店铺"宝贝"的布局是否合理。选取"饼图"创建目标竞店和本店不同销量范围"宝贝"的数量和销量占比的可视化效果，选取"表"创建目标竞店和本店不同销量范围"宝贝"的数量、销量以及销售额等信息的可视化效果。

6．目标竞店和本店"宝贝"品牌对比分析

将本店和目标竞店的店铺动态评分进行对比，并选取"Ratings by MAQ Software"创建可视化效果。

将本店和目标竞店的各品牌"宝贝"数量、销售额以及各品牌价格区间进行对比，分析本店和目标竞店的品牌布局。选取"饼图"创建本店和目标竞店"宝贝"数量的可视化效果，选取"瀑布图"创建本店和目标竞店各品牌"宝贝"销售额的可视化效果，选取"表"创建本店和目标竞店各品牌"宝贝"价格区间的可视化效果。

 商务实战演练

一、多竞店基本信息对比分析

（一）连接数据并完成预处理

将"多竞店对比分析.xlsx"中的"多竞店基本信息""多竞店经营分析""多竞店品牌分析（宝贝数量占比前三）"以及 "店铺名"四个子表加载到Power BI Desktop中，完成预处理。

（二）创建多竞店基本信息对比的可视化效果

单击"可视化"窗格中的"表"按钮，在"字段"窗格中勾选"多竞店基本信息"表格中的"店铺名""信用等级""创店时间""主营类目""粉丝数""店铺宝贝数（件）""店铺动态评分（服务态度）""店铺动态评分（描述相符）"及"店铺动态评分（物流服务）"字段，其中"创店时间"在"日期层次结构"中勾选"年"，在"可视化"窗格中将"值"设为"店铺名""信用等级""创店时间""主营类目""粉丝数""店铺宝贝数（件）""店铺动态评分（服务态度）""店铺动态评分（描述相符）"及"店铺动态评分（物流服务）"（见图7-3-1），呈现效果如图7-3-2所示。

（三）创建多竞店店铺"宝贝"数的可视化效果

单击"可视化"窗格中的"簇状柱形图"按钮，在"字段"窗格中勾选"多竞店基本信息"表格中的"店铺宝贝数（件）"和"店铺名"字段，在"可视化"窗格中将"轴"设为"店铺名"、"值"设为"店铺宝贝数（件）"（见图7-3-3），呈现效果如图7-3-4所示。

图7-3-1

多竞店基本信息对比								
店铺名	信用等级	创店时间	主营类目	粉丝数	店铺宝贝数（件）	店铺动态评分（服务态度）	店铺动态评分（描述相符）	店铺动态评分（物流服务）
婴邦母婴专营店	T	2014/9/1	母婴	25000	95	4.88	4.87	4.90
斯纳恩品牌店	1金冠	2012/9/12	母婴	29000	38	4.88	4.86	4.90
梦多美奈子乐园	5钻	2018/7/25	母婴	785	43	4.94	4.93	4.95
萌贝贝直销店	4冠	2015/3/10	母婴	9459	32	4.91	4.89	4.91
卡卡贝儿母婴旗舰店	T	2015/3/25	母婴	14000	44	4.90	4.89	4.90
总计				78244	252	24.50	24.45	24.56

图7-3-2

图7-3-3

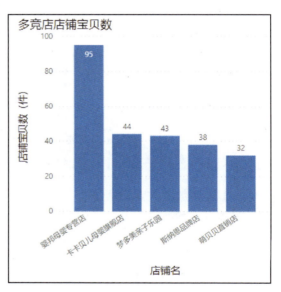

图7-3-4

（四）创建多竞店店铺粉丝数的可视化效果

　　单击"可视化"窗格中的"簇状条形图"按钮，在"字段"窗格中勾选"多竞店基本信息"表格中的"店铺名"和"粉丝数"字段，在"可视化"窗格中将轴设为"店铺名"、"值"设为"粉丝数"（见图7-3-5），呈现效果如图7-3-6所示。

（五）创建多竞店店铺动态评分的可视化效果

　　单击"可视化"窗格中的"堆积柱形图"按钮，在"字段"窗格中勾选"多竞店基本信息"表格中的"店铺名""店铺动态评分（服务态度）""店铺动态评分（描述相符）"及"店铺动态评分（物流服务）"字段，在"可视化"窗格中将轴设为"店铺名"、"值"设为"店铺动态评分（服务态度）""店铺动态评分（描述相符）"及"店铺动态评分（物流服务）"（见图7-3-7），呈现效果如图7-3-8所示。

图7-3-5   图7-3-6

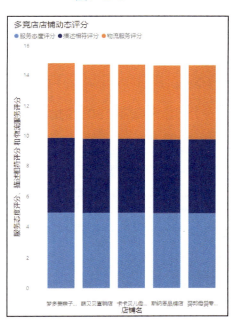

图7-3-7   图7-3-8

将四个可视化视觉对象做好以后，在报表画布中对其进行布局，如图7-3-9所示，并将报表画布命名为"多竞店基本信息对比分析"。

（六）分析结论与决策

（1）五家店铺主营类目均为母婴类，其中梦多美亲子乐园是岑兮经营的店铺，婴邦母婴专营店和卡卡贝儿母婴旗舰店是天猫店铺。在信用等级方面，纳斯恩品牌店等级最高，为"1金冠"，其他三家均是"4蓝冠"，本店铺是"5钻"，原因是本店铺创建时间较短。

（2）在粉丝数方面，纳斯恩品牌店和婴邦母婴专营店粉丝数均在20000以上，本店铺粉丝数为700多，差距较大。在"宝贝"数方面，婴邦母婴专营店"宝贝"数最多，为95件，是本店铺"宝贝"数的一倍多，"宝贝"数最少的是萌贝贝直销店，为32件。

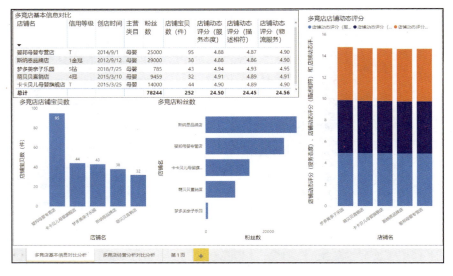

图7-3-9

（3）在DSR（服务动态评分）方面，五家店铺的服务态度评分和描述相符评分均高于4.8，物流服务评分均高于4.9，本店铺三项评分均最高。

二、多竞店近30天销售额和成交量对比分析

（一）创建多竞店近30天的销售额和平均成交价的可视化效果

新建报表画布，并将其命名为"多竞店经营分析对比分析"。单击"可视化"窗格中的"折线和簇状柱形图"按钮，在"字段"窗格中勾选"多竞店经营分析"表格中的"店铺名""近30天销售额（万元）"及"平均成交价（元）"字段，在"可视化"窗格中将"共享轴"设为"店铺名"、"列值"设为"近30天销售额（万元）"、"行值"设为"平均成交价（元）"（见图7-3-10），呈现效果如图7-3-11所示。

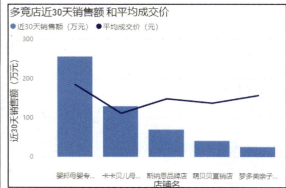

图7-3-10   图7-3-11

（二）创建多竞店近30天的销量和动销率的可视化效果

单击"可视化"窗格中"折线和簇状柱形图"按钮，在"字段"窗格中勾选"多竞店经营分析"表格中的"店铺名""近30天销量（件）"以及"动销率"字段，在"可视化"窗格中将"共享轴"设为"店铺名"、"列值"设为"近30天销量（件）"、"行值"设为"动销率"（见图7-3-12），呈现效果如图7-3-13所示。

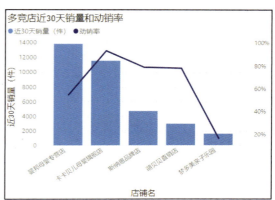

图7-3-12　　　　　　　　　　　　　图7-3-13

（三）创建多竞店日均销售额和日均销量的可视化效果

单击"可视化"窗格中的"折线和簇状柱形图"按钮，在"字段"窗格中勾选"多竞店经营分析"表格中的"店铺名""平均日销量（件）"以及"平均日销售额（万元）"字段，在"可视化"窗格中将"共享轴"设为"店铺名"、"列值"设为"平均日销售额（万元）"、"行值"设为"平均日销量（件）"（见图7-3-14），呈现效果如图7-3-15所示。

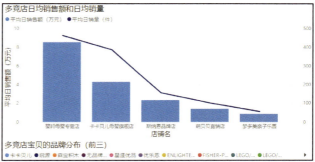

图7-3-14　　　　　　　　　　　　　图7-3-15

（四）创建多竞店"宝贝"的品牌分布的可视化效果

单击"可视化"窗格中的"簇状柱形图"按钮，在"字段"窗格中勾选"多竞店品牌分析（宝贝数量占比前三）"表格中的"店铺名"和所有的品牌字段，在"可视化"窗格中将"轴"设为"店铺名"、"值"设为"卡卡贝儿"等一系列品牌字段（见图7-3-16），呈现效果如图7-3-17所示。

图7-3-16

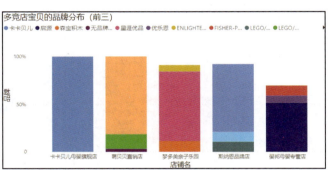

图7-3-17

将四个可视化视觉对象做好以后，在报表画布中对其进行布局，如图7-3-18所示。

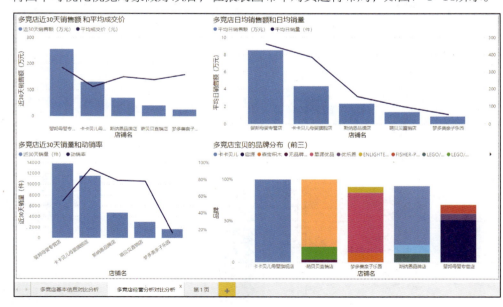

图7-3-18

（五）分析结论与决策

（1）五家店铺近30天的销售额，婴邦母婴专营店的销售额最高，为255.9万元；其次是卡卡贝儿母婴旗舰店，销售额为129.6万元；本店销售额最少，为25.86万元。在五家店铺近30天的平均成交价中，婴邦母婴专营店的最高，为185元；其次是本店，为157元；卡卡贝儿母婴旗舰店的最低，为112元。

（2）五家店铺近30天的销量，婴邦母婴专营店的销量最高，为13870件；其次是卡卡贝儿母婴旗舰店；本店销量最低，仅1651件。动销率最高的是卡卡贝儿母婴旗舰店，为93.18%；斯纳恩品牌店和萌贝贝直销店的动销率均为78%左右；婴邦母婴专营店的动销率为54.74%；本店动销率最低，为16.27%。

（3）五家店铺近30天的平均日销售额和平均日销量，婴邦母婴专营店平均日销售额8.53万元，平均日销量为462件，均为最高；其次是卡卡贝儿母婴旗舰店，平均日销售额为4.32万元，平均日销量为386件；本店平均日销售额最少，为0.86万元，平均日销量也最少，为55件。

（4）五家店铺"宝贝"数最多的前三个品牌，卡卡贝儿母婴旗舰店中卡卡贝儿品牌的"宝贝"数为100%。萌贝贝直销店、斯纳恩品牌店、梦多美亲子乐园（本店）三家店铺单个品牌的"宝贝"数均超过了70%，婴邦母婴专营店中启源品牌的"宝贝"数也超过了50%，说明五家店铺单个品牌的"宝贝"数占比均较高。

综合以上分析，通过与4家同类型的店铺对比发现，在同样的外部环境下，各竞店近30天的销量和销售额均高于本店，说明建构/拼插积木市场需求依然较大。在动销率方面，本店动销率远低于其他竞店，说明本店滞销产品较多。本店后期要做到三点，一是要在产品布局上进行优化，下架长期滞销的产品，选购新的产品；二是要做好店内导流，将爆款产品的流量引导到店内其他产品上去，增加动销率；三是效仿卡卡贝儿母婴旗舰店，仅销售单个品牌的产品，可以利用客户对该品牌的忠诚度来提高动销率。

三、目标竞店和本店近30天销售额和销量对比分析

（一）连接数据并完成数据预处理

将"本店子类目_维基伯爵.xlsx""本店宝贝品牌分析_维基伯爵.xlsx"以及"本店店铺宝贝_维基伯爵.xlsx"中的"本店店铺宝贝_维基伯爵""本店宝贝价格范围""本店宝贝销量范围""本店经营概况"四个子表加载到Power BI Desktop中，完成预处理。

将"竞店子类目_婴邦母婴专营店.xlsx""竞店宝贝品牌分析_婴邦母婴专营店.xlsx"以及"竞店店铺宝贝_婴邦母婴专营店.xlsx"中的"竞店店铺宝贝_婴邦母婴专营店""竞店宝贝价格范围""竞店宝贝销量范围""竞店经营概况"四个子表加载到Power BI Desktop中，完成预处理。

（二）创建本店和目标竞店近30天销售数据的可视化效果

在"本店店铺宝贝_维基伯爵"表格中新建快速度量值（见图7-3-19），打开"快速度量"对话框，将"计算"设为"除法"、"分子"设为"近30天销售额的总和"、"分母"设为"近30天销量的总和"（见图7-3-20），之后将新的度量值重命名为"本店近30天平均成交价"（见图7-3-21）。

单击"可视化"窗格中的"卡片图"按钮，在"字段"窗格中勾选"本店店铺宝贝_维基伯爵"表格中的"近30天销量"字段，然后在格式中关闭"类别标签"，并将标题文本设为"本店近30天销量"（见图7-3-22）。采用同样的方法，在"字段"窗格中勾选"本店店铺宝贝_维基伯爵"表格中的"近30天销售额"以及"本店近30天平均成交价"字段，呈现效果如图7-3-23所示。

图7-3-19   图7-3-20

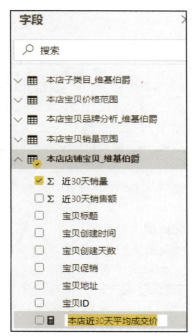

图7-3-21   图7-3-22

按照本店度量值"本店近30天平均成交价"的设置方法，在"竞店店铺宝贝_婴邦母婴专营店"表格中新建快速度量值"竞店近30天平均成交价"，并采用同样的方法生成竞店的销售数据卡片图，如图7-3-24所示。

190

本店近30天销量	本店近30天销售额	本店近30天平均成交价
1651	258,665	157

图7-3-23

竞店近30天销量	竞店近30天销售额	竞店近30天平均成交价
13870	2,558,983	184

图7-3-24

（三）创建本店和目标竞店近30天不同价位"宝贝"销量对比的可视化效果

用散点图能够较好地呈现产品售价、销量与销售额三个维度的数据，将产品最低售价作为"X轴"的值，销量作为"Y轴"的值，销售额为气泡大小的值，创建店铺近30天不同价位"宝贝"销售情况的可视化效果。

单击"可视化"窗格中的"散点图"按钮，在"字段"窗格中勾选"本店店铺宝贝_维基伯爵"表格中的"近30天销量""近30天销售额""宝贝ID""销售价最低"以及"宝贝标题"字段，在"可视化"窗格中将"详细信息"设为"宝贝标题"、"图例"设为"宝贝ID"、"X轴"设为"销售价最低"、"Y轴"设为"近30天销量"、"大小"设为"近30天销售额"（见图7-3-25），然后在图表格式中将"类别标签"设置为"开"，将"图例"设置为"关"，呈现效果如图7-3-26所示。

图7-3-25

图7-3-26

采用同样的方法，创建竞店近30天宝贝销售的可视化效果，在"字段"窗格中勾选"竞店店铺宝贝_婴邦母婴专营店"表格中的"近30天销量""近30天销售额""宝贝ID""销售价最低"以及"宝贝标题"字段，在"可视化"窗格中进行与本店数据一样的设置（见图7-3-27），呈现效果如图7-3-28所示。

（四）创建本店和目标竞店子类目销售额对比的可视化效果

单击"可视化"窗格中的"WordCloud 2.0.0"按钮，在"字段"窗格中勾选"本店子类目_维基伯爵"表格中的"类目"和"类目销售额"字段，在"可视化"窗格中将"类别"设为"类目"、"值"设为"类目销售额"（见图7-3-29），呈现效果如图7-3-30所示。

采用同样的方法，在"字段"窗格中勾选"竞店子类目_婴邦母婴专营店"表格中的"类目"和"类目销售额"字段，在"可视化"窗格中将"类别"设为"类目"、"值"设为"类目销售额"（见图7-3-31），呈现效果如图7-3-32所示。

图7-3-27

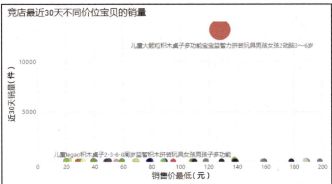

图7-3-28

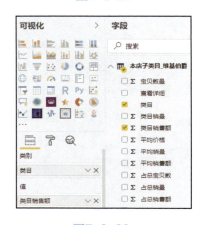

图7-3-29

图7-3-30

图7-3-31

图7-3-32

将六个可视化视觉对象做好以后，在报表画布对其进行布局，如图7-3-33所示，并将报表画布命名为"竞店—本店近30天销售额和销量分析"。

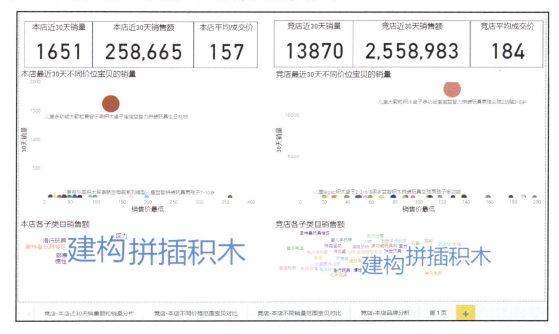

图7-3-33

（五）分析结论与决策

（1）本店在近30天的销量和销售额上远低于目标竞店，目标竞店近30天的销售额约是本店的10倍，销量约是本店的8倍，本店在近30天的平均成交价上也低于竞店。

（2）目标竞店的子类目比本店更丰富，但是从近30天各子类目的销售额来看，本店和竞店在建构/拼插积木子类目的销售额上均为最高。

（3）本店销量和销售额较高的"宝贝"最低售价均为128元，而且两个店铺扛业绩的产品都是单个产品，通过散点图可知扛业绩的产品即本品和竞品。本店和目标竞店均是主打爆款单品，但是目标竞店能够在同样的时间内产生如此高的销量，说明目标竞店在产品的营销上投入较多，营销和引流能力也很强。

四、目标竞店和本店不同价格范围"宝贝"对比分析

（一）创建本店和目标竞店不同价格范围"宝贝"数量对比的可视化效果

新建报表画布，并将其命名为"竞店-本店不同价格范围宝贝对比"（以宝贝ID的最低售价为标准进行价格范围的划分）。单击"可视化"窗格中"饼图"按钮，在"字段"窗格中勾选"本店宝贝价格范围"表格中的"价格范围（元）"和"占数量比例"字段，在"可视化"窗格中将"图例"设为"价格范围（元）"、"值"设为"占数量比例"（见图7-3-34），呈现效果如图7-3-35所示。

采用同样的方法，在"字段"窗格中勾选"竞店宝贝价格范围"表格中的"价格范围（元）"和"占数量比例"字段，在"可视化"窗格中将"图例"设为"价格范围（元）"、"值"设为"占数量比例"（见图7-3-36），呈现效果如图7-3-37所示。

图7-3-34

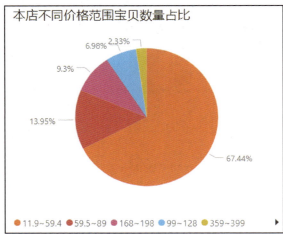

图7-3-35

图7-3-36

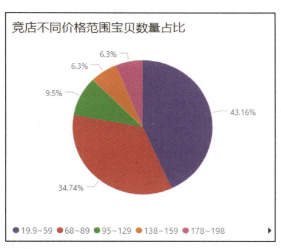

图7-3-37

（二）创建本店和目标竞店不同价格范围"宝贝"销量对比的可视化效果

单击"可视化"窗格中"饼图"按钮，在"字段"窗格中勾选"本店宝贝价格范围"表格中的"价格范围（元）"和"占销量比例"字段，在"可视化"窗格中将"图例"设为"价格范围（元）"、"值"设为"占销量比例"（见图7-3-38），呈现效果如图7-3-39所示。

采用同样的方法，在"字段"窗格中勾选"竞店宝贝价格范围"表格中的"价格范围（元）"和"占销量比例"字段，在"可视化"窗格中将"图例"设为"价格范围（元）"、"值"设为"占销量比例"（见图7-3-40），呈现效果如图7-3-41所示。

图7-3-38

图7-3-39

图7-3-40

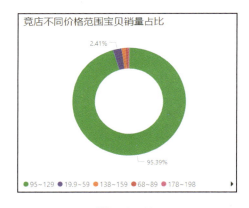

图7-3-41

（三）创建本店和目标竞店不同价格范围"宝贝"数据对比的可视化效果

单击"可视化"窗格中的"表"按钮，在"字段"窗格中勾选"本店宝贝价格范围"表格中的"价格范围（元）""商品数量""近30天销量（件）"以及"近30天销售额"字段，将值设为"价格范围（元）""商品数量""近30天销量（件）"以及"近30天销售额"（见图7-3-42），呈现效果如图7-3-43所示。

图7-3-42

价格范围（元）	近30天销量（件）	近30天销售额 □	商品数量
0~11.8	0	0.00	0
11.9~59.4	27	976.40	29
127~167	0	0.00	0
168~198	0	0.00	4
199~358	0	0.00	0
359~399	0	0.00	1
59.5~89	0	0.00	6
90~98	0	0.00	0
99~128	1624	256,592.00	3
总计	1651	257,568.40	43

图7-3-43

采用同样的方法，在"字段"窗格中勾选"竞店宝贝价格范围"表格中的"价格范围（元）""商品数量""近30天销量（件）"以及"近30天销售额"字段，将值设为"价格范围（元）""商品数量""近30天销量（件）"以及"近30天销售额"（见图7-3-44），呈现效果如图7-3-45所示。

图7-3-44

价格范围（元）	近30天销量（件）	近30天销售额 □	商品数量
0~19.8	0	0.00	0
130~137	0	0.00	0
138~159	156	21,529.00	6
160~177	0	0.00	0
178~198	54	10,123.00	6
19.9~59	334	12,825.90	41
60~67	0	0.00	0
68~89	96	7,552.00	33
90~94	0	0.00	0
95~129	13230	1,693,300.00	9
总计	13870	1,745,329.90	95

图7-3-45

将六个可视化视觉对象做好以后，在报表画布对其进行布局，如图7-3-46所示。

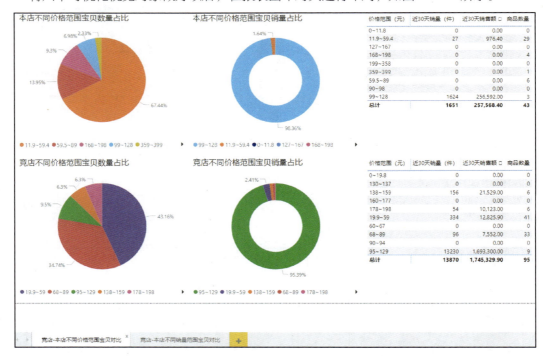

图7-3-46

（四）分析结论与决策

（1）从不同价格范围"宝贝"数量占比来看，本店和竞店价格布局范围差不多，说明客户人群定位也是类似的。

（2）竞店中价格范围为19.9～59元的"宝贝"数量占比最高，占比为43.16%。竞店销量和销售额最主要的价格区间为95～129元，这是竞店引流和促销产品的主要价格区间，销量占比为95.39%，而此价格范围"宝贝"的数量占比仅为9.5%。这说明竞店产品数量虽然较多，但是目前在主推单品。

（3）本店中价格范围为11.9～59.4元的"宝贝"数量占比最高，占比为67.44%，其次是价格范围为59.5～89元的"宝贝"，数量占比为13.95%。但本店销量和销售额最主要的价格区间为99～128元，这是本店引流和促销产品的主要价格区间，销量占比为98.36%，而此价格范围"宝贝"的数量占比仅为6.98%。这说明本店不同价格区间的"宝贝"布局不够合理，也导致本店的动销率很低，影响了店铺评分，需要调整"宝贝"布局。

五、目标竞店和本店不同销量范围"宝贝"对比分析

（一）创建本店和目标竞店不同销量范围的"宝贝"数量对比的可视化效果

新建报表画布，并将其命名为"竞店—本店不同销量范围宝贝对比"。单击"可视化"窗格中的"饼图"按钮，在"字段"窗格中勾选"本店宝贝销量范围"表格中的"销量范围（件）"和"占数量比例"字段，在"可视化"窗格中将"图例"设为"销量范围（件）"、"值"设为"占数量比例"（见图7-3-47），呈现效果如图7-3-48所示。

图7-3-47

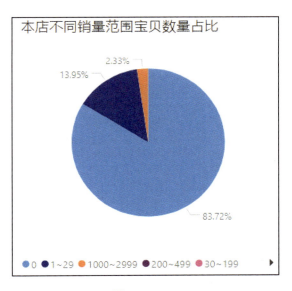

图7-3-48

采用同样的方法，在"字段"窗格中勾选"竞店宝贝销量范围"表格中的"销量范围（件）"和"占数量比例"字段，在"可视化"窗格中将"图例"设为"销量范围（件）"、"值"设为"占数量比例"（见图7-3-49），呈现效果如图7-3-50所示。

（二）创建本店和目标竞店不同销量范围的"宝贝"销量对比的可视化效果

单击"可视化"窗格中的"饼图"按钮，在"字段"窗格中勾选"本店宝贝销量范围"表格中的"销量范围（件）"和"占销量比例"字段，在"可视化"窗格中将"图例"设为"销量范围（件）"、"值"设为"占销量比例"（见图7-3-51），呈现效果如图7-3-52所示。

图7-3-49

竞店不同销量范围的宝贝数量占比

图7-3-50

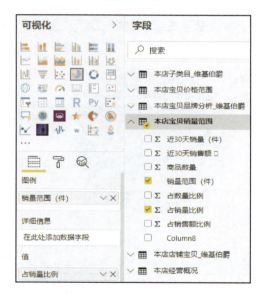

图7-3-51

本店不同销量范围的宝贝销量占比

图7-3-52

　　采用同样的方法，在"字段"窗格中勾选"竞店宝贝销量范围"表格中的"销量范围（件）"和"占销量比例"字段，在"可视化"窗格中将"图例"设为"销量范围（件）"、"值"设为"占销量比例"（见图7-3-53），呈现效果如图7-3-54所示。

　　（三）创建本店和目标竞店不同销量范围宝贝数据对比的可视化效果

　　单击"可视化"窗格中的"表"按钮，在"字段"窗格中勾选"本店宝贝销量范围"表格中的"销量范围（件）""商品数量""近30天销量（件）"以及"近30天销售额"字段，将"值"设为"销量范围（件）""商品数量""近30天销量（件）"以及"近30天销售额"（见图7-3-55），呈现效果如图7-3-56所示。

图7-3-53

竞店不同销量范围的宝贝销量占比

2.88%　1.82%

95.3%

● 3000+ ● 30~199 ● 1~29 ● 0 ● 1000~2999 ▶

图7-3-54

图7-3-55

销量范围（件）	近30天销量（件）	近30天销售额 □	商品数量
0	0	0.00	36
1~29	27	2,073.44	6
1000~2999	1624	256,592.00	1
200~499	0	0.00	0
30~199	0	0.00	0
500~999	0	0.00	0
总计	1651	258,665.44	43

图7-3-56

　　采用同样的方法，在"字段"窗格中勾选"竞店宝贝销量范围"表格中的"销量范围（件）""商品数量""近30天销量（件）"以及"近30天销售额"字段，将"值"设为"销量范围（件）""商品数量""近30天销量（件）"以及"近30天销售额"（见图7-3-57），呈现效果如图7-3-58所示。

　　将六个可视化视觉对象做好以后，在报表画布对其进行布局，如图7-3-59所示。

（四）分析结论与决策

　　（1）本店销量为0的"宝贝"有36件，占总"宝贝"数的83.72%；销量范围在1~29件的"宝贝"有6件，占总"宝贝"数的13.95%；销量范围在1000~2999件的"宝贝"只有1件，占总"宝贝"数的2.33%。而本店销量范围在1000~2999件的"宝贝"销量占全店总销量的98.36%。

图7-3-57

销量范围（件）	近30天销量（件）	近30天销售额 □	商品数量
0	0	0.00	43
1~29	253	18,264.76	45
1000~2999	0	0.00	0
200~499	0	0.00	0
30~199	400	55,922.50	6
3000+	13217	2,484,796.00	1
500~999	0	0.00	0
总计	13870	2,558,983.26	95

图7-3-58

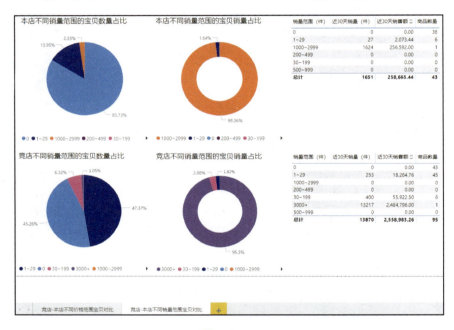

图7-3-59

（2）竞店销量为0的"宝贝"有43件，占总"宝贝"数的45.26%；销量范围在1～29件的"宝贝"有45件，占总"宝贝"数的47.37%，销量范围在30～199件的"宝贝"数只有6件，占总"宝贝"数的6.32%；销量范围在3000件以上的"宝贝"只有1件，占总"宝贝"数的1.05%。而竞店销量范围在3000件以上的"宝贝"销量占全店总销量的95.3%。

综合以上分析，本店的动销深度没有竞店高，结合之前的动销率分析，本店动销率仅为16.27%，竞店"宝贝"数比本店多一倍，但其动销率为54.74%，两个店铺虽然都是主推单品，但是竞店的动销率比本店高，说明其利用爆款流量带动了店内其他产品的销售。因此，岑今打算下架长期销量为0的"宝贝"，并充分利用主推产品的流量做好店内导流，促进其他"宝贝"的销售，提高店铺的动销率。

六、目标竞店和本店"宝贝"品牌对比分析

（一）创建本店和目标竞店店铺动态评分的可视化效果

新建报表画布，并将其命名为"竞店—本店品牌分析"。在"自定义视觉对象"中添加"Ratings by MAQ Software"，然后单击"可视化"窗格中的"Ratings by MAQ Software"按钮，在"字段"窗格中勾选"本店经营概况"表格中的"店铺动态评分（DSR）"字段，将"Value"设为"店铺动态评分（DSR）"（见图7-3-60），呈现效果如图7-3-61所示。

图7-3-60   图7-3-61

采用同样的方法，在"字段"窗格中勾选"竞店经营概况"表格中的"店铺动态评分（DSR）"字段，将"Value"设为"店铺动态评分（DSR）"（见图7-3-62），呈现效果如图7-3-63所示。

图7-3-62   图7-3-63

（二）创建本店和目标竞店各品牌"宝贝"数量对比的可视化效果

单击"可视化"窗格中的"饼图"按钮，在"字段"窗格中勾选"本店宝贝品牌分析_维

基伯爵"表格中的"品牌名称""占总宝贝数比例"字段，将"图例"设为"品牌名称"、"值"设为"占总宝贝数比例"（见图7-3-64），呈现效果如图7-3-65所示。

图7-3-64

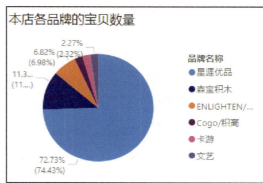

图7-3-65

采用同样的方法，在"字段"窗格中勾选"竞店宝贝品牌分析_婴邦母婴专营店"表格中的"品牌名称""占总宝贝数比例"字段，将"图例"设为"品牌名称"、"值"设为"占总宝贝数比例"（见图7-3-66），呈现效果如图7-3-67所示。

图7-3-66

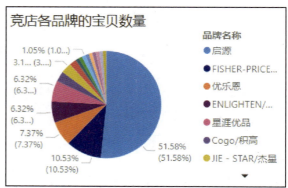

图7-3-67

（三）创建本店和目标竞店各品牌销售额对比的可视化效果

单击"可视化"窗格中的"瀑布图"按钮，在字段窗格中勾选"本店宝贝品牌分析_维基伯爵"表格中的"品牌名称""占总销售额比例"字段，将"类别"设为"品牌名称"、"Y轴"设为"占总销售额比例"（见图7-3-68），呈现效果如图7-3-69所示。

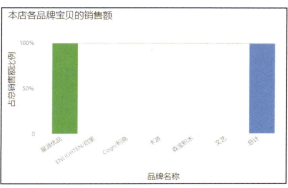

图7-3-68   图7-3-69

采用同样的方法，在"字段"窗格中勾选"竞店宝贝品牌分析_婴邦母婴专营店"表格中的"品牌名称""占总销售额比例"字段，将"类别"设为"品牌名称"、"Y轴"设为"占总销售额比例"（见图7-3-70），呈现效果如图7-3-71所示。

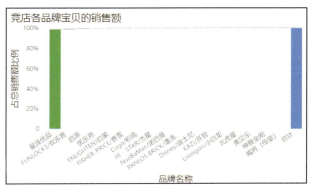

图7-3-70   图7-3-71

（四）创建本店和目标竞店各品牌价格区间对比的可视化效果

单击"可视化"窗格中的"表"按钮，在"字段"窗格中勾选"本店宝贝品牌分析_维基伯爵"表格中的"品牌名称"和"价格区间"字段，将"值"设为"品牌名称"和"价格区间"（见图7-3-72），呈现效果如图7-3-73所示。

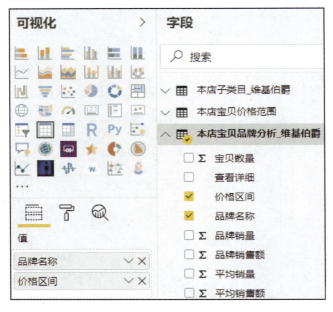

图7-3-72　　　　　　　　　　　　　图7-3-73

采用同样的方法，在"字段"窗格中勾选"竞店宝贝品牌分析_婴邦母婴专营店"表格中的"品牌名称"和"价格区间"字段，将"值"设为"品牌名称"和"价格区间"（见图7-3-74），呈现效果如图7-3-75所示。

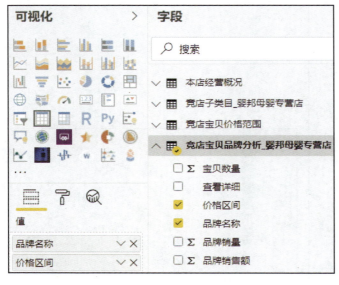

图7-3-74　　　　　　　　　　　　　图7-3-75

将八个可视化视觉对象做好以后，在报表画布中对其进行布局，如图7-3-76所示。

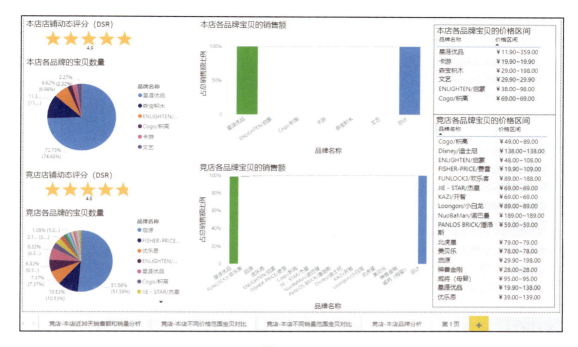

图7-3-76

（五）分析结论与决策

（1）本店铺的动态评分为4.9分，竞店的动态评分为4.8分。本店各品牌中，"宝贝"数量最多的品牌是星涯优品，共32件产品，占总"宝贝"数的72.73%，价格区间为11.90～359.00元，该品牌的销量占总销量的99.88%，销售额占总销售额的99.97%。

（2）竞店各品牌中，"宝贝"数量最多的品牌是启源，共49件产品，占总"宝贝"数的51.58%，价格区间为29.90～198.00，该品牌的销量占总销量的1.18%，销售额占总销售额的0.45%。竞店各品牌中销量和销售额均最高的品牌是星涯优品，价格区间为19.90～138.00元，该品牌的销量占总销量的97.35%，销售额占总销售额的98.61%，而其"宝贝"数量仅为6，占总"宝贝"数的6.32%。

（3）本店各品牌中宝贝数量最多、销量和销售额均最高的品牌是星涯优品，竞店各品牌中销量和销售额均最高的品牌也是星涯优品。本店和竞店销量较好的品牌均是星涯优品，虽然本店在星涯优品品牌中的"宝贝"数比竞店多，但是在该品牌的爆款产品营销中，根据之前与竞品的对比分析，可知本店在该品牌上是较难和竞店进行竞争的。因此，寻找竞店还未占领的长尾品牌，并进行选品和营销是一个可行的选择。

岑兮综合竞品、竞店群以及目标竞店的分析，发现了本店主推产品销售遇到瓶颈的主要原因不是建构/拼插积木市场的需求减少，也不是产品本身存在问题，主要原因是竞争对手比较强大，占领了大量市场。岑兮通过与竞店群的对比分析，发现本店铺在同类竞店中销量和销售额都较低，动销率也较低。岑兮通过与目标竞店的对比分析，发现和竞店销售同品牌的同款产品，但竞品的销量、销售额远高于本品，平均成交单价也比本品高。因为竞店不光有天猫店的优势，还有实力参加直通车等推广活动。由此可推断，即使对本店的主推产品进行直通车推广，也未必能够抢到更多的市场。因此，岑兮的下一步计划是在建构/拼插积木类目中，寻找竞争较小、卖家实力相对较弱的长尾品牌，找到有一定利润空间的价格波段，进行差异化的选品。

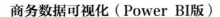

项目小结

通过本项目的学习，读者应重点掌握以下知识。

（1）能够运用可视化工具——Power BI，依据图表选择原则，结合数据关系，创建可视化效果。

（2）能够初步建立数据分析模型，并根据电子商务运营项目需求，完成相关分析数据的建模。

（3）能够理解数据指标含义，并根据运营项目需求，结合可视化图表，运用数据分析的方法与技巧，挖掘数据背后的价值和需求。

（4）能够结合电子商务运营项目现状，对行业发展相关数据、市场需求数据、竞争相关数据、产品运营数据以及客户行为数据进行交叉、多维度分析的综合分析，发现问题并提出相关运营建议。

（5）能够培养良好的数据保密意识和逻辑思维能力。